ちくま新書

正義論の名著

中山 元
Nakayama Gen

907

正義論の名著【目次】

はじめに

この書物では、ギリシアにおいて登場した正義《ディケー》という概念が、西洋の政治哲学と道徳哲学においてどのように発展し、人々の思考を活気づけていったかを、時代を追って考察してみたい。

正義という概念はふつうは「人の道に適《かな》っていて正しいこと」という倫理的な意味合いで考えられることが多いが、人々のうちでどのようにしてフェアなありかたが生まれ、あるものがフェアであり、あるものがフェアでないと考えられるかを追求することも、正義の重要な課題である。

その意味ではこの正義という概念は、共同体においてどのような状態がフェアであるかを重視するものであり、道徳哲学だけでなく、政治哲学の重要な概念でもある。そして正義が語られるときには、フェアで正しいありかたが問題にされると同時に、その公正さや正しさが踏みにじられているという憤慨の念が伴うものである。人が正義を声高に要求するとき、その人にとって我慢のできないような公正でない事態が発生しているのであり、その事態を公正さの原理にしたがって是正することが求められているのである。正義の概念は、政治哲学と道徳哲学の交わる場において、結節点のような役割をはたしているのである。

以下ではこの書物でとりあげる正義論の流れを簡単に素描しておこう。まず古代のギリシアにおいて正義とは、ポリスの秩序を維持し、調和することを目指すことであった。共同体にとっての善、公共善を目指すのが正義だったのである。

この公共善としての正義は、プラトンにおけるように人間の魂の調和の問題として道徳的に考察されることもあれば、アリストテレスにおけるように政治的な動物である人間たちの共同体における善として、政治的に考察されることもあった。キリスト教が受容されてからも、神の正義とは別に、「地の国」における秩序を維持する正義の重要性が忘れられることはなかった。

ところが近代的な市場社会の登場とともに、正義は公共善とは別のものとして考察されるようになる。ホッブズに始まる社会契約の思想は、人々は公的な善という外的な要因ではなく、自分自身の利益のために社会を構築すると考える。そして正義の概念もこの観点から考察されることになった。スピノザ、ロック、ルソー、カントと、この社会契約の思想は脈々とうけつがれ、カントにおいてはついに国家を超えた世界公民の秩序まで構想されるようになったのである。

一方ではヒュームやスミスとともに、契約ではなく、市民社会の秩序が自生的に誕生するというリベラリズムの思想が登場し、正義の概念もこれを裏づけるものとして考えられるようになる。これはベンサムとミルの功利主義の思想をうみだし、現代にまでつづく市民社会論の思想的な枠組みを構成するようになった。

この社会契約の思想と市民社会の思想を統合する役割をはたしたのが、道徳と政治を結びつける「人倫的な国家」という概念を重視したヘーゲルである。しかしこの統合はマルクスのイデオロギー論と、ニーチェの道徳の系譜学の方法によってすぐに崩壊することになった。その後はベンヤミンが正義と暴力の密接な関係を暴き、ハイエクはスミスの「見えざる手」の思想をうけついで、正義の名のもとに行われる国家の干渉を排除することを求める。

近年において正義の議論が活発になったのは、ルソーとカントの社会契約の理論をうけついで、原初状態と無知のヴェールの理論によって、正義とは何かを正面から問題としたロールズの『正義論』が登場してからである。この書物は大きな反響を呼び、アメリカの政治哲学の活況を生んだのである。

この書物に刺激されたノージックは「見えざる手」の思想によって、最小国家としての夜警国家を超えるあらゆる国家を不正義と主張し、ウォルツァーは正義の内実をさまざまな領域に分けて考察した。サンデルはロールズの正義の概念が「負荷なき自我」という虚構的な人間観を基礎としていることを指摘する。現代の日本においても、この論争はうけつがれている。

ドイツではフランクフルト学派のハーバーマスとホネットの思想に注目したい。ハーバーマスはロールズの正義の理論がモノローグ的なものであることを批判し、コミュニケーション的な理性による討議倫理の思想を提起する。これをうけついだホネットは、正義よりも不正義の領域に注目し、「他者の正義」の思想を提示する。フランスではレヴィナスが他者の顔との対峙のもとに正義をみいだし、他者との対話の重要性を強調した。デリダは脱構築できない唯一のものが正義であると考えて、正義のもつさまざまなアポリアの考察を深めた。

このように、正義の概念は道徳の領域と政治哲学の領域を貫く「要石《かなめいし》」のような概念である。インドや中国にも、イスラーム諸国にも、日本にも独特の正義の概念の歴史があるが、本書は西洋の正義の概念を歴史的に考察することで、西洋の政治哲学と道徳哲学の歴史を統一的に振り返ってみようとしている。その意味では政治哲学入門の書であり、道徳哲学入門の書でもある。正義の思想の大きな流れを理解することで、西洋の政治構想と倫理思想の大きな流れを読み取っていただけるのではないかと考えている。

なお引用した翻訳は既存の訳書を参考にして、ほとんど訳し直している。それぞれの思想家について、正義の問題を考察するために中心となる書名をあげ、正義論の核心となる言葉をモットーのように示した。書名が明記されていない引用文は、その中心となる書物からの引用である。最後に、本書の企画において著者のわがままを快く聞き入れていただいたちくま新書の編集部の伊藤大五郎さんに、心からお礼を申し上げる。

第一章

公共善と正義

ホメロス『オデュッセイアー』
——ゼウスの正義

†歓待

この章では、ギリシアの古代的な正義の概念を検討してから、それが人間の魂の秩序と共同体の秩序の維持と調和を求めるプラトンの哲学へ、そして共同体の共通善としての正義の概念を明確に提示したアリストテレスの哲学へと発展してゆく道筋を検討したい。正義は共同体の内部で、公正さを目指し、共同体の成員たちの幸福が奪われるのを防ぐ役割をはたすのである。この公共善としての正義の理念は、古代ギリシアからローマ共和国を経由して、中世のキリスト教世界を貫く重要な理念でありつづける。

古代のギリシアにおいて原初的に発生した正義の概念は、まず他の共同体との関係において発生したことに注目しよう。ロイド＝ジョーンズの『ゼウスの正義』によると、「ホメロスのゼウスは、後に正義の擁護と密接な関係にある三つの権能を持っていた。第一が神への誓いの擁護、第二が他国人の守護ならびに歓待の掟の擁護、第三が嘆願者の擁護である。このうち第二、第三は起源において事実上同じものである」という。

第一の要素は、それぞれの神には独自の名誉があり、神への誓いを守らぬことによって、神の名誉が傷つけられたときに、ゼウスがその侵害者を罰するということである。ゼウスはこの世に確立された秩序《ディケー》を擁護するために、不正を働き、秩序を乱す人間に罰を下す。神々は「人間に傲慢《ヒュブリス》がないかどうか、秩序《エウノミア》が行きわたっているかどうかを監視する」のである（同）。

それだけでなく、ゼウスは他国人の守護の正義も、きわめて重視していた。たとえばホメロスの『オデュッセイアー』ではゼウスは、「主客の義を護るゼウス」（呉茂一訳）と呼ばれ、「とりわけ（外来者への）悪行をその神さまはお憎みなので」と歌われる。異邦から訪れた客は歓待をうける権利があるのだ。

ギリシアやヘブライでは、歓待と宿泊を求めて訪ねてくる旅人は、神や天使の化身であることが多く、この者を歓待せずに追い返す者は、正義に反するとして罰せられた。『オデュッセイアー』では、島に流れついた裸のオデュッセイアーに出会ったナウシカーは、掟にしたがって彼を歓待する。彼女は、「他国の人、また乞丐人《こつがいにん》は、すべてゼウスがお遣《つか》わしの者」と語り、衣服と食物を与え、宮殿に導いて歓待するのである。

正義がこのように他国の人々の歓待に掟のかかわるものであったのは、正義がそもそも成立するためには、友愛が必要だからである。ある共同体が別の共同体と接触して、そこで正義が語られうるためには、この二つの共同体のあいだで、たがいに相手を同類の人々とみなして、異邦人も同国人と同じように扱われることを保証する必要がある。歓待が正義であり、正義は異邦人を歓待することである。

その後になって、共同体の内部での正義としてのディケーの概念が生まれてくる。これには三つの道筋があったと考えられる。第一は、正義としての秩序に違反が発生したときに、その違反を是正し、罰するというゼウスの復讐の正義の観点からであり、これはギリシア悲劇で歌われている。第二は、人間の魂と共同体における秩序の維持という観点からの正義であり、プラトンがその道を切り拓《ひら》いた。第三は、共同体における共通善を実現するための法と正義の実現という観点であり、アリストテレスがこのための理論を確立する。

†復讐の正義

第一の復讐の正義の概念は、ゼウスだけでなく、復讐の女神エリニュスたちの特権でもある。アイスキュロスのオレステイア三部作では、母親を殺したオレステスが女神たちに追いまわされて苦悩する。母親のクリュタイメストラが夫のアガメムノンを殺したため、アポロンはオレステスに父親殺しの復讐を命じ、オレステスはそれを実行した。しかしそうなるとオレステスは自分を生んだ母親を殺したことで、復讐の女神たちから血を求められるようになる。

女神たちは「母親の血が駆り立てるからは、正義の罰をもとめて、あの男を猟師のように追っていきましょう」（『慈みの女神たち』呉茂一訳）と語り、オレステスを次のように脅すのである。「一度流した母親の血は、もう元へは還せないのだ。とんだことさ。地面《じべた》へこぼれた水は、もうそれっきりだ。それゆえ、お前は、生きながら、その手足から、まっかなおじやを、その償いにたっぷり飲ませてくれなきゃならない」。

クリュタイメストラは夫を殺した。しかし夫婦のあいだは、血はつながっていないのであり、古代のギリシアの復讐の法によると、夫を殺した妻ではなく、血のつながる母を殺した息子を罰するのが正義なのである。オレステスは正義が実現されるために、血を流さなければならない。これを救うには、別の次元の正義が必要となる。

プラトン『国家』
――正義は、国家や人間における調和である

†正義は強者の利益

プラトン（Platōn, 427-347BC）の『国家』は魂と共同体の秩序の維持という観点から、正義を考察した著作である。この対話編に登場するソフィストのトラシュマコスは、正義というものは「強者の利益」だと断言する。国の支配者が「自分たちにとっての利益が、被支配者にとって正しいことであると宣明し、それを逸脱した者を、法に反して不正を犯した者として懲罰する」（山本光雄訳）というのである。

この「強者の利益」という正義の議論は、それまでのゼウスの正義とはまったく異なる性質のものであるが、その当時のアテナイの人々の考え方を反映したものだった。ゼウスの正義は異邦人を歓待することを命じたが、ペロポネソス戦争におけるアテナイのふるま

いは、このような正義に反するものであった。アテナイと同盟せず、中立を保っていたメロス島に、アテナイ側は口実を設けて戦争をしかける。メロス島はこれに抗議して、「人が死地に陥ったときには、情状に訴え正義に訴えることを許し、たとえその釈明が厳正な基準に欠けるところがあっても、一分の理を認め見逃してやるべきではないか」と訴える。ところがアテナイ側の態度は、「この世で通ずる理屈によれば、正義かどうかは、双方の勢力が伯仲しているときに定めがつくもの。強者と弱者の間では、強者がどれほど強い主張をなしうるか、弱者がいかに小さな譲歩で逃れられるか、その可能性しか問題となりえない」（トゥーキュディデース『戦史』久保正彰訳）というものだった。強者はみずからの行為を押し通すことができるのであり、正義は問題とならないというのである。

その当時流行していたとみられるこの考え方にたいしてソクラテスは、「正義は強者の利である」という主張そのものではなく、「不正な人の生活は正しい人の生活よりも好ましいものである」というトラシュマコスの主張を反駁しようとする。トラシュマコスは、不正なことは悪であると認めているのだから、ソクラテスにとって、これを反駁するのは、それほど困難なことではない。そしてトラシュマコスはやりこめられて沈黙してしまうのである。

†正義と国家

これにたいして対話の場にいたグラウコンが納得できず、もういちどこの議論を展開するようにソクラテスに頼む。そこでソクラテスが展開したのが、国家と人間における正義の理論である。ソクラテスはまず、正義について考えるためには、人々が集まって国家を作るのはなぜかを明らかにする必要があることを指摘する。そのためにソクラテスは、最小国家のイメージを描きだしてみせる。人々が国家を作るのは、分業が必要だからである。人々にはたがいに得意な分野というものがあり、畑を耕すのが得意な人も、農具を作るのが得意な人も、魚を釣るのが得意な人もいるだろう。一人で畑を耕し、鍬《くわ》を作り、釣糸を垂れているのでは、効率が悪い。ここで古代のギリシアの古典的な正義の議論が登場する。それは正義とは、人々がそれぞれの卓越《アレテー》を発揮することだという定義である。

目のアレテーとは見ることである。目はそのために作られているからだ。馬のアレテーとは長い距離を速く走ることである。すると人間ならば農夫のアレテーとは、畑を耕すことに習熟していること、職人のアレテーは鍬などの農具を作ることに長《た》けていること、漁師のアレテーは魚釣りが巧みなことだろう。だからここで正義は、それぞれの人がみずからのアレテーを発揮し、国家において人々とともに暮らすことと言えるだろう。この最小国家における正義とは、これらの人々がたがいに必要とされる分野で、それぞれのアレテーを発揮するということになるだろう。

しかしグラウコンはこのソクラテスの説明には満足しない。ソクラテスはこの最小の国家を「健康の国」と呼ぶが、グラウコンにはこれは、まるで「豚どもの国」のようなものと思われるのである。というのは、この国には貧乏も戦争もないだろうが、贅沢もなく、哲学もなく、ただ生きてゆくだけの国にしかみえないからである。

†国家の三つの階級

そこでソクラテスは現実の国家、「炎症にかかっている国」についての考察を始める。この国の人はもはや、「健康の国」のように「平和で健康に暮らしながら、やがては老いてゆき、子孫たちに同じような生活を譲りわたす」ことは期待できない。この国は他の国と戦争や交易をする必要があるだろう。そのため、これまでは違うアレテーが登場する。その一つはまず軍人、すなわち守護者のアレテーである。「人は同時に百姓をしながら、あるいは靴工でありながら、あるいは何でも他の術をやりながら、軍人であることができる」とは考えられないからである。軍人のアレテーは勇敢《ソーテリア》であること、その魂が「気概的《テユモエイディース》」であることと、特徴づけることができるだろう。

さらに守護者としては、国家を統治する愛知的な人々も必要である。これも健康な国家では不要なアレテーであった。最小国家では国の規模が小さいために、特別な政治家たちは必要ではなかったのである。この統治者のアレテーは「愛知的《フィロソフォス》」で、「愛学的《フィロマテース》」であることだ。智恵《エウブリア》がそのアレテーの本質である。

そして最小国家で分業をしていて、たがいに他者を養っていた人々は、一般大衆としてひとまとまりにされる。これらの人々のアレテーは、今度はそれぞれの職業における卓越ではなく、「節制《エンクラテイア》」と呼ばれるようになる。

だから理想的な国家は次の四つの徳をそなえていなければならない。「智恵《エウブリア》、勇敢《ソーテリア》、節制《エンクラテイア》、正義《デイカイオシユネー》」である。この最初の三つが、国家を構成する統治者、守護者、大衆の三つの部分に対応するのは明らかだろう。それでは正義はどのようにして生まれるのか。プラトンは国家における正義は、「自分に固有なものや自分に属するものを持ったり、なしたりすること」と定義する。「三つの階級が余計な手出しや相互の取り換えをすること」が国家にとっての「最大の害であり、悪行」であり、不正義となる。というのも「われわれのもとでは各人が一つのことをなすのであり、二重の人も多重の人もいない」からだとソクラテスは語る。

†魂における正義

この三つの階級がそれぞれの任務を遂行し、余計なことをしないのが正義だという説明は、正義とは「それぞれの人が固有のアレテーをなすこと」という定義を、国家の次元で表現したものである。次にプラトンは、この定義は一人の人間の魂のうちでも成立することを示す。人間のうちにも、国家の階級と同じように、三つの異なる部分が存在すると考えるからだ。

人間の魂にも国家と同じように、愛知的な部分が存在する。それは「魂のうちでそれが思惟するのにもちいる部分」であり、これは「思考的な部分」と呼ばれる。また魂のうちで、大衆に相当する部分は「欲望的な部分」であり、これは「恋したり、飢えたり、渇いたりするのにもちい、またその他の欲望のために、興奮させられる部分」である。最後に守護者に相当する部分が「怒るためにもちいる」部分であり、これは「気概的な部分」である。

人間にあって「正しい」状態は、思考的な部分が魂を支配すること、そして気概的な部分は、思考的な部分が欲望的な部分を支配するのを援助すること、そして欲望的な部分は節度を学んで、自分の欲望によって思考的な部分と気概的な部分を支配しないようにすることである。ここでプラトンは、人にとっての正義は、国家にとっての正義と同じように、それぞれの部分がそのアレテーを守って、調和を作りだすことだと考える。「正しい人は、自分の内にあるそれぞれの部分が他の部分のことをすることも、あるいは魂のうちのそれぞれの類が互いに余計な手出しをすることも許さないで、むしろ本当の意味での家事《タ・オイケイア》をよく処理し、自分で自分を支配し、秩序づけ、自分自身に親しいものとなる」ことなのである。正義は、自己の支配のうちにある。

†正義とは

プラトンにとって正義とは、国家や人間の魂における調和であることに注目しよう。それは「外的になすことに属するものではなく、むしろ内的になすことに、つまり、本当の意味での自分自身や自分自身のことにかかわるもの」なのである。正義は外部からもたらされるのではなく、内部から実現される一つの状態である。プラトンの正義の理論は、国家や人間の魂の理想的な秩序がどのようにして維持されるかにかかわるのである。

この理想的な状態を実現していることは、正義であることであるが、これが『国家』の冒頭で語られたこと、すなわち「不正をするよりは、不正をなされるほうがましである」という議論とつながっていることは興味深い。プラトンがこのような一見するところ迂遠《うえん》な議論をしているのは、グラウコンの疑問に答えるためなのだ。

プラトンは正義をあくまでも理想的な秩序と考えるのであり、人間の「外的ななすこと」としては考えない。ある人が他者にどのような不正を行ったか、その不正な行為の動機はどのようなものだったか、そしてどのような結果が生じたかなどということは、二次的なこととされている。プラトンのまなざしはあくまでもその人の「内的ななすこと」に向けられている。

†不正な人の魂の状態

不正がなされる内的な原因はどこにあるだろうか。それは魂のそれぞれの部分がほんらいの役割をはたしていないことにある。その人の欲望的な部分が強すぎ、思考する部分の支配力が弱く、さらに気概的な部分が欲望的な部分を抑えることができないために、不正が犯されるのである。そして不正なことがなされたならば、その結果はどのようなものだろうか。それはその人の「正義」としての魂の調和が破壊されることである。

不正を行う人にあっては、魂の三つの部分がそのほんらいのアレテーを実現することができていない。そして不正を行ったことによって、その正義を実現する可能性は失われ、魂は調和を失ってしまう。「不正義は、三つあるこれらの部分の一種の内乱や、余計な手出しゃ、他人のことをなすことであり、またある部分が魂全体に対し、魂のうちで僭越《せんえつ》にも支配者となるために起こした謀反であるに違いない」のである。

不正を犯すということは、魂の調和を失うことである。不正をしたことを罰せられるということは、この魂の調和を取り戻すきっかけを与えられるということである。プラトンは『ゴルギアス』でこの問題をふたたび検討しながら、「不正を犯してしまったならば、自分からすすんで、できるだけすみやかに罰を与えてくれるようなところへ行かなければならない。ちょうど医者のところへ行くのと同じように、裁判官のところに急いで行かなければならない」(山本光雄訳)と断言する。

†不正という災厄

不正を犯して魂が内乱を起こしているという状態は、不正を加えられて被害にあったよりも、魂にとってはさらなる大きな災厄なのである。そのままでは「不正という病が慢性化し、魂を奥深くまで膿《う》みただれさせ、ついに魂を不治のものとする」おそれがあるからである。不正を犯す者は、魂を病んだ者なのだ。

不正を犯して、魂が調和を失っているということは、魂をみつめる者にとっては、絶えがたい苦痛である。ソクラテスは「不正を犯しながら、罰せられないことが、すべての悪のうちでもっともひどいことである」と強調する。それは「生涯のすべてを自分自身と不協和な状態のうちにすごす」ことであり、「わたしというたった一人の人間が、わたし自身と不調和であり、矛盾したことを言う」という悲惨な状態のままで過ごすということだからだ。ソクラテスは、自分と調和できないことが、不正のもたらす最大の害悪だと考える。

アリストテレス『ニコマコス倫理学』
――正義とは公的な善の実現である

†正義とアレテー

プラトンの正義の理論は、何よりも正義を人間の魂の内的な調和の問題として考察するというところがユニークである。伝統的なギリシアの正義観は、正義を人間の「卓越」や「徳」としてのアレテーと結びつけるものであったために、このような観点がうまれる可能性があったである。

これにたいしてギリシアにおいて正義の概念が確立される第三の道、すなわち公共善としての正義の概念を確立したのが、アリストテレス(Aristotelēs, 384-322BC)である。正義を社会の公共善の実現と考えるアリストテレスの正義の理論は、プラトンの理論を一新するような大きな展開を実現するものだった。

ただしアリストテレスの正義の理論においても、正義とアレテーの結びつきは解かれていない。もっとも基本的なアリストテレスの正義の定義は、「人々が正しいものごとを行うような状態《ヘクシス》、つまり人々が正しいことを行い、正しいことを望むような状態のこと」(高田三郎訳)だからである。正義は、ポリスの市民の徳の高い状態のことなのである。アリストテレスにとって、このヘクシスとは、慣習や技術などによって、ある事柄を行えるようになっていることである。大工とは、建物を建築する技術を所有している状態にある人のことである。正しい人とは、習慣や努力によって、正義を行うような状態になっている人のことである。

ただしここでは正義と正しい人と正しいことが循環的な関係にあることはすぐに分かるだろう。正義は正しいものごとを行うことであり、正しい人は正義を行うような状態になっている人であり、正しさとは、正しい人が行うことである。「正しさ」がきちんと定義されないかぎり、このままでは循環を抜けることができない。そこでアリストテレスは、「正しくないこと」は何かということから、この「正しさ」を明らかにしようとする。「不正なひと」とは、「一方では違法的《パラノモス》な人であり、他方では過多をむさぼりがちな不均等的《アニソス》な人である」。したがって「正義《ディカイオン》とは適法的《ノミモン》ということと均等的《イソン》ということとの両義を含む」ことになる。適法的ということは、ポリスの定めた法《ノモス》を守っているということであり、均等的であるということは、自分のための利益を過度にむさぼらないということである。

†正義の政治学

このようにアリストテレスにおいても正義の人であることは、倫理的な意味をもつことになる。しかしプラトンとの決定的な違いは、この倫理的な特質としての「正しさ」が、その人の内的な倫理的な特性ではないということである。正しさはプラトンのように魂の内的な調和ではない。「正義は、それゆえ完全な徳《テレイア・アレテー》にほかならない。ただし無条件的に同じものではなくして、対他的な関係におけるそれなのである」。

というのは、善人がつねに正義の人であるとは限らないからである。プラトンにとっては悪を行うことは、自己にたいして不正を行うことであり、善と正義、悪と不正は分離することのできないものであった。悪はすべて魂の調和の破綻を示すものであり、それはつねに正義としての魂の秩序に反するものだった。しかしアリストテレスにおいては、善を行うことと、正義を行うことは同じことではない。自己において善である人も、他者にたいして意識せずに、あるいは偶然に不正を行うことはあるからである。正義とは「他者のものなる善」である。「正しい人は、支配者や共同体の他の成員にとって公益のあることがらを行う人」なのであり、魂の善良さとは別に、その行為の結果が問われるものなのだ。

その意味で、アリストテレスにおいて、正義が共同体の善を目指すものであるというその後の西洋の伝統的な正義論の基礎が据えられたのである。「適法的である」こととしての正義は、法を守ることであり、法は「万人共通の利害を目指すもの、あるいは卓越性《アレテー》に即して、または何らかそういった仕方で、支配者の位置にあるところの人々に共通な利益を目指すもの」だからである。正しい行為とは、たしかに個人の倫理的な資質であるが、その目的は魂の調和を維持することではなく、「国という共同体《ポリティケー・コイノーニア》にとっての幸福またはその諸条件《モーリア》を創出し守護すべき行為」という政治的な目的を兼ねそなえているのである。「善き人間であるということと、ある任意の国《ポリス》の良き市民《ポリテース》であるということは、必ずしも同じではない」のである

†普遍的な正義

アリストテレスの正義の適法性は、このような政治的な性格をそなえた正義であった。これは共同体で定められた法律を遵守するということであり、これをアリストテレスは「普遍的な正義」と呼ぶ。この普遍性において、「人類」のような普遍的な自然法のことが考えられているわけではないことには留意が必要だろう。「ある任意の国《ポリス》」という限定は、

そのポリスに定められた法律を遵守するのが正義であることを語るのである。ポリスが異なれば法も異なるのであり、正義の具体的な行為も異なることになるだろう。民主政治のポリスと貴族政治のポリスでは、法が異なるために、「正しい」行動も異なるだろう。しかしそのポリスの法を遵守しているならば、「正しいこと」をしていることに違いはないのである。

†特殊的な正義

次にアリストテレスが考察するのは、法《ノモス》における正義ではない正義、すなわち均等性《イソン》における正義である。アリストテレスはこれを普遍的な正義と区別するために特殊的な正義と呼び、この正義を配分的な正義と矯正的な正義に分類する。この分類はアリストテレスが始めたもので、やがて配分的な正義と交換的な正義の概念にまとめられて、その後の西洋の正義の理論と政治哲学に重要な影響を及ぼすものとなった。

この正義の特徴は、それがもはや徳や卓越性としてのアレテーとは結びつかないということである。「均等である」ということは、「少なくとも二つの項の間において成立する」ものであり、数学的な比例の問題だからである。この数学的な「均等」には二種類のものがある。幾何学的な均等と算術的な均等である。この幾何学的な均等は、配分的な正義《ディアネメーティコン》の均等であり、算術的な均等は、矯正的《ディオルトーティコン》な正義の均等である。

†幾何学的な正義

幾何学的な正義で問題になるのは、ある財を市民の間でどのように配分するかということである。この幾何学的な均等について考えるために、二本の長さの違う線分CとDが財の大きさを示すと考えてみよう。財Cを示す線分は左側の部分と右側の部分の長さが二対一の比率で分けられていて、左側をAが、右側をBが所有しているとしよう。市民Aは市民Bの二倍のものを所有しているわけだ。次に財Dを市民Aと市民Bで「均等に」分割するとしよう。それにはどうしたらよいだろうか。均等に、すなわち等しい長さに分割して分け与えればよいだろうか。もちろんそれでは均等な比率は保たれることがない。線分Dは線分Cと同じように二対一の比率で分ける必要がある。分かたれた線分の長さ、すなわち財の大きさは変化しても、その比率は均等であろう。

この正義では、分割する当事者のうちに不平等が存在することを前提としている。最初の財Cの分割でAはBの二倍の財を割り当てられていて、その比率に等しいように、財Dも分割されるのが正義なのだ。「もし当事者が均等な人々でないならば、彼らは均等なものを取得すべきではない」のである。

さてここで配分される財は具体的にはどのようなものだろうか。それはポリスにおける「名誉、財貨、その他およそ国の公民の間に分かたれるところのもの」である。古代のギリシアでは、名誉は重要な財であった。ポリスに大きな功績があったと認められるならば、肖像が立てられたり、年金が与えられたり、貴賓館で名誉を称える食事が供されることがあった。

来世における救いの概念のない古代のギリシアにおいては、名誉を語り継がれるということは、自分が死んだ後にも名前を残す重要な手段だったのである。反対に名誉を剝奪され、不名誉刑を宣告された者は、広場《アゴラ》に立ち入ることを禁じられ、市民とともに食事をすることができなくなる。市民生活を送ることは事実上不可能になるのだった。

また財貨については、市民たちにはさまざまな金銭が配られた。デロス同盟の主となった後のアテナイでは、「年賦金や租税や同盟者たちから二万人以上の人々が養われた」（アリストテレス『アテナイ人の国制』村川堅太郎訳）のであり、市民は政治や裁判に参加することで「生活の途が与えられた」のである。逆に富裕な者たちは、公共奉仕のために財の供出を命じられた。たとえば「悲劇の競演のために合唱隊奉仕者としての全アテナイ人中から最も富んだ人三名を任ずる」ことが定められていたのであり、これを拒むことはできなかった。供出を命じられた者は、自分よりも豊かだと思う者が別にいれば、この者を指名することができた。このようにして指名された者は、供出を引きうけるか、自分のほうが財産が少ないことを主張するために、指名してきた者と財産を交換するしかなかったのである。このためにこの財貨の配分は、重要な政治的な課題であり、正義が試される場でもあったのである。

†矯正的な正義

このように配分的な正義は、ポリスの内部の成員のバランスをとることを目指した正義であり、これはポリスの公法によって決められる。これにたいして矯正的な正義が目指すのは、成員の間で存在していたバランスが失われたときに、それを元に戻すことである。これは民事訴訟の対象であり、民法に基づいて裁判官が適切な矯正を実行するのである。

配分的な正義と同じように線分で考えるならば、市民Aの財産が線分Cで示され、市民Bの財産が線分Dで示されるとする。最初の状態では線分CとDは同じ長さだったとしよう。その後、不正によって市民Aの線分の一部がEだけ奪われて、市民Bの線分につけ加えられたとしよう。市民Aの財産はA－Eの大きさとなり、市民Bの財産はB＋Eの大きさになるだろう。そこで不正が行われたと判断したAは裁判官に訴えでて、正義の回復を求める。裁判官はAから不正に奪われたEをBから取り戻してAに戻すだろう。このようにして中庸《メソス》が回復されるのである。

奪われた財産であれば、それを元の所有者に戻せば正義が実現されるだろうが、物事はそれほど単純ではない。戻すことで回復できないものもあるからだ。たとえば相手を傷つけた場合である。ハンムラビ法典は「目には目を、歯には歯を」というが、それぞれの個人にとって目や歯の価値は異なる。ゴルゴーンの姉妹の三人の魔女たちは、「一つの目と一つの歯を持ち、これをたがいに順に回していた」のだった。その一つの目を奪ったならば、それは三人分の目に相当するものと言わざるをえないだろう。奪った者の一つの目を奪うだけでは、正義ではないかもしれない。

アリストテレスは「目には目を」という単純な同害報復刑《タリオ》がこの矯正的な正義にあてはまらないことを、支配者がふつうの市民を殴打した場合を例にとって説明している。ポリスにおいて市民が「支配者を殴打したのであれば、彼はたんに殴打されるにとどまらず、その上になお懲罰を受けなくてはならぬ」のである。

ここで言われているのは、市民が支配者というポリスの統治者を殴った場合には、それはポリスの統治行為そのものへの侵害とみなすべきだということである。だから中庸を回復するためには、その市民はたんに殴打を与えられるだけではなく、さらに別の罰をうける必要があるということだ。

このようにアリストテレスは正義を、不正を回復する矯正的な営みと定義することで、現代にいたるまでの正義の代表的な理論を提示することになった。これは後に交換的な正義と呼ばれるようになるが、その後も正義の概念は、片手に天秤を、片手に剣を持った女神をシンボルとする。正義の女神は不正に奪われたものを計って、剣をもって取りもどすのである。

†正義としての貨幣

ここでこの中庸を回復するための重要な手段として貨幣が登場してくることに注目しよう。紀元前五世紀のギリシアでは、小額の貨幣の流通がさかんに行われたことが知られている。市場が成立していて、公職についた市民は日給を支払われ、それで市場《アゴラ》で日用品を購入して、生活することができたのである。

アリストテレスは、ここで互酬的な正義という概念を提起する。この正義を実現するためには、たんに目には目をという物々交換的な矯正の正義の回復ではなく、問題となる物品の正当な価値を評価するために、貨幣が必要となるのである。

そもそも市場で商品が取り引きされるのは、それは交換される商品の価値が等しいと判断されたからである。しかし交換される商品そのものは、価値の異なるものである。靴屋が作った靴と、農夫が栽培した小麦が交換されるとしよう。しかし靴一足と小麦一袋では価値が違う。だから交換のための正しい比率を求める必要がある。

　アリストテレスはこれをこう説明する。交換という共同関係が成立するのは、靴屋と靴屋という同じ種類の人々の間ではなく、靴屋と農夫のように「異なった人々の間においてであって、均等な人々の間においてではない。かえってこれらの人々は均等化される必要がある」。この均等化の目的のために「貨幣は発生したのであって、それはある意味においての仲介者《メソン》となる。事実、貨幣はあらゆるものを、したがって過超や不足をも計量する」のである。「靴工の作ったものが農夫の作ったものに合わせて均等化されたとき、取引は互酬《アンティペポントス》的となるであろう」。すなわち取引における正義は、この均等化によって成立するのである。この均等化の手段であるのが、仲介者《メソン》としての貨幣であり、これは中庸《メソス》を作りだす手段であり、ある意味での正義の手段なのである。

　貨幣は財の蓄積の手段として、不正においても重要な役割をはたすために、正義に反するものと考えられがちだが、そもそも共同体が成立して、人々の間で友好的な関係が成立するためには、互酬的な関係が成立している必要がある。そしてそのためには、人々が所有しているものを計量する共通の尺度が存在することが前提となるのである。貨幣はそのための貴重な手段であり、正義が成立するための前提の一つなのである。

キケロ『義務について』
――徳の女王としての正義

†ギリシアの正義論の限界

このようにアリストテレスの正義論は、西洋の正義論の中軸を占めるものとなったが、この正義論にはいくつかの制約があった。正義の適用範囲が限定されていたのである。まず家庭の内部では正義は適用されず、夫と妻、両親と子供、主人と奴隷のあいだには正義の概念は適用されなかった。さらにポリスの正義は、自由な成人の市民の間で適用されるものであり、市民でない人々、すなわちメトイコイと呼ばれた在留外人や奴隷には適用されなかった。正義は市民的な正義であり、「法の存在すべきことが本性的であるような人々の間において存在する」(アリストテレス『ニコマコス倫理学』)ものであり、ポリスの一員として、「支配し、支配されることにおいて均等性を有する人々」の間での正義だったのである。

このポリス的な正義の限界を乗り越えて、人類の全体に適用される正義の概念を構築したのが、ヘレニズム時代のストア派である。以下では、ストア派的な色彩の強いローマの哲学者であり、政治家だったキケロ（Marcus Tullius Cicero, 106-43BC）の著作を手掛かりにして、すべての人に適用される普遍的なものとなった正義の理論を検討してみよう。キリスト教も、ストア派の普遍的な倫理観を土台として、世界宗教としての道徳論と正義論を構築するようになったのである。

†キケロの普遍的な正義論

まずキケロは、ギリシア以来の伝統的な四つの徳の概念をあげて、これをそのまま受け入れる。すでにプラトンが四つの徳として、思慮、気概、節制、正義の概念をあげていた。プラトンは最初の三つの徳を魂の三つの部分に割り当て、それらの部分がそれぞれの本分をはたすことが正義であるとまとめたのだった。

キケロも同じように、四つの徳を認めている。「第一は真理の認識と運用である。第二は人と人との社会関係を維持すること、つまり、各自が各自の務めをはたし、引き受けた事柄について信義に違《たが》わぬことである。第三は高潔にして不撓《ふとう》不屈《ふくつ》の勇気である。第四はあらゆる行為と言動についての秩序と限度であり、そこにあるのは節度と節制である」。第一がプラトンの思慮、第二が正義、第三が気概、第四が節制に相当するのは明らかだろう。

†他国への正義

この正義は、共同体の内部だけに限定されるものではなかった。敵国にたいしても約束と信義を守る必要があるとされている。戦争においても正義を守る必要があり、正義の戦争と呼ばれるためには、「公式の原状回復要求、あるいは事前の通告ないし宣言を経ないいかなる戦争も正当ではない」と語られている。この正義の戦争の条件は、その戦争が他国との矯正的な正義を目指すものであること、そして事前に宣戦布告をすることにあると考えることができるだろう。

さらに戦争中においても敵国への信義は守る必要がある。キケロはローマとギリシアの君主国家ピュロスの戦争において、ピュロスの脱走兵が王を殺害することを元老院に提案した際に、元老院はこれを信義に反するとして、「脱走兵をピュロスに引き渡した。このように、向こうから戦争を仕掛けてくるような強力な敵に対しても、罪を犯す殺害は是認しなかった」例をあげている。戦っている相手を「美徳によってではなく、犯罪によって凌駕することは大きな恥辱、非道な行為」とみられるからである。

すべての社会はその成員の保護のために成立しているのであり、他国だからといって、無法なことを仕掛けてよいわけではない。それは正義を否定することになり、自国の存立の基盤を奪うことになるからだ。キケロは「同胞市民に対しては配慮すべきだが、他国人については その必要がない、と言う人々は、全人類に共通の社会を破壊している。この社会が消失すれば、親切、篤志、善良性、正義も根こそぎ失われてしまう」と明言している。ここにはギリシアの狭さを超越した人類のための正義の思想がはっきりと語られている。

†奴隷、女性、未成年への正義

さらにキケロは、相手が奴隷であっても、同じ人間として信義を守るべきことを主張した。「どんなに低い地位の人々に対しても、正義は守られるべきだ。もっとも低い身分と境遇にあるのは奴隷である。奴隷について善い助言をしよう。奴隷も雇用人と同じように用いよ。労役を取り立てて、正当な見返りを提供するのである」というのである。

また女性と未成年については、キケロよりもいくらか後のローマ帝国時代のストア派の哲学者であったセネカが、すべての人間は共通の祖先である宇宙から由来したのであり、「いかなる人も他の人以上に高貴ではない」(「恩恵について」)と語っていることを指摘しておこう。夫も妻も、人間として平等なのである。

キケロは、この人間が人間であるかぎりの平等性について、「自然の規定するところとして、人間は人間に対し、それがどのような人物であれ、その者が人間であるというまさにその理由のゆえに、その人の利益を重んじるべきである」と表現する。相手が他国人であれ、奴隷であれ、女性であれ、少年であれ、人間としての顔をそなえているかぎり、その相手の利益を重んじることが正義の道なのである。

†公共善としての正義

キケロは正義のもっとも重要な使命は、「人間社会の相互の連帯、つまり人生の共同体とでもいうべきものを維持する理念」となるものであることを指摘しながら、正義の二つの務めをあげている。第一は「不当な攻撃を受けた場合を除いて、他人に害をなす者がないように」すること、第二は、「公共のものを公共のものとして、各人のものを各人のものとして使用させる」ことである。第一の正義は、アリストテレスの矯正の正義と同じものと考えることができる。第二の正義のうちの「公共のものを公共のものとして」の部分は、公共善を維持し、促進することと考えることができるだろう。「各人のものを各人のものとして」の部分は、アリストテレスの分配的な正義の理念を言い換えたものである。

キケロは人間が国家を形成するのは、各人の所有を保全するためであると考える。「国家と市民権が確立されたのも第一に、各人が各人のものを確保するという理由によっている。なぜなら、自然の導きに従って人々は集団を作ったにせよ、それでも、自分の財産の保全を望むからこそ、都市の防壁を求めたのである」。

しかし同時に、国家の共通の利益を促進することも必要である。すべての人は「各人に有益なものと、すべての人々にあまねく有益なものとが同じである」ことを目指すべきであり、個人の利益を保護することが、同時の国家の利益を保護することになるように行動すべきなのである。それが正義である。各人が各人のものを確保するということは、財産を所有する富者の保護だけを目指したものではないのである。「貧者が低い身分の者であるために不利を蒙《こうむ》ることも、富者が自身の所有物の保持や回復を世間の反感によって妨害されることもないように」すべきなのである。

このように抽象的に表現された正義の原理は、国ごとに異なる法律に基づいたものであるだけでなく、神の法に、自然の法に基づいたものである。キケロは、「自然、つまり万民の法のみならず、市民国家の個々の国制の基盤をなす各国民の法律もまた同様に定めていることがある。それは、自身の利益のために他人に害を加えるのは許されないということである」と指摘している。この自然の定めは正義の定めとまったく同一である。

†徳の女王としての正義

正義は人間の社会が存立するために必須の条件であり、「正義こそが唯一すべての美徳の女王なのである」とキケロは強調する。これは自然の命令として、すべての人類に共通したものであり、「正義はすべての者をいたわり、人類のためをはかり、各人に当然受けるべきものを与え、神聖なもの、公共のもの、他人のものに手を触れないように教え」(キケロ『国家について』)ているのである。

正義はこれほどに社会の維持に必須なものであるために、悪人たちの社会でもこれを必要とするほどだとキケロは指摘している。「悪事や犯罪によって食い扶持を得ている者たちでさえ、わずかのかけらも正義を顧みずには、生きていけないほどである」。仲間の持ち物を奪うことは、盗賊たちの間でも禁じられているのであり、「山賊一味の一人が仲間のものを盗むか奪うかすれば、その者は山賊団の中ですら、居場所を失う」のである。だから正義の力は偉大であり、「正義によって山賊までが勢力を増強する」ほどである。

このようにキケロは、アリストテレスの配分的な正義の概念を人類の規模にまで拡大した。これによって、正義の概念は公共善を維持するための基本的な役割を与えられたのである。正義こそが、社会を維持するための基本的な徳なのである。

アウグスティヌス『神の国』
――「遍歴の旅」の途上の正義

†神の国と地の国

キリスト教がローマ帝国で国教となり、人々の精神を支配し始めるとともに、公共善としての正義の概念は、そのままでは維持できなくなった。キリスト教の教父たちは信徒たちに、公的な世界に背を向けて、信仰と愛に心を注ぐように求めたからである。公的な善は、もはや最高の善ではない。北アフリカのヒッポの司教アウグスティヌス（Aurelius Augustinus, 354-430）にとって、人間が生きているこの国は、「肉にしたがって生きる人間からなる国」、すなわち「地の国」であり、キリスト教の信徒たちは、「霊にしたがって生きる人間からなる国」、すなわち「神の国」に生きるべきだからである。

この「地の国」では人間は「人間にしたがって生きる」のであり、神にしたがって生きることを知らない。この国は「虚偽の神性を拝して真の神性をさげすみ、人間や悪魔の教えるところを追い求める者からなる不信仰な者の国」であり、この国で正義を求めることはできないのである。

キリスト教の信仰においては、「正しい人」はもはや社会的な正義を行う人ではない。「神を愛し、また隣人を、人間にしたがってではなく、神にしたがって、自己自身のように愛することを志す人」こそが、善き意志をもった人と呼ばれ、「正しい人」と呼ばれるのである。

†最高善

アウグスティヌスにとって最高善は、社会全体の善としての公共善ではなく、人間の魂の救済である。「永遠の生が最高の善であり永遠の死が最大の悪である、そのため、前者を獲得し、後者を避けるためには、正しく生きなければならない」のである。たしかにアウグスティヌスも「正義《ユスティティア》」について語る。しかしその正義は社会的なものではない。アウグスティヌスは正義について、「それぞれにその帰すべきものを割り当てること」というキケロ的な分配の正義の定義を採用するが、それは個人の財産や権利を保護することではなく、魂と身体がそれぞれの務めをはたすことである。「人間自身のうちに、自然本性のある正しい秩序が生じて、魂は神に、身体は魂に服属し、かくして身体も魂も神に服属する」ことこそが「正しさ」であり、正義なのである。

†ローマの正義の批判

アウグスティヌスはキケロの正義の理論をうけつぎながらも、これを批判する。キケロは、社会の公的な善を促進するために定められた法に従うことが正義であると主張したが、アウグスティヌスはローマ共和国が公的な善を目指す国家であったことそのものを否定してしまう。アウグスティヌスは、「ローマという国は人民の福利を目指す国だったことはなかった」と指摘するのである。これはローマにおける正義の存在を否定するものである。

またキケロが主張するように、正義とは「各人に各人のものを分配する徳である」とするならば、人間は神のものであるのに、悪魔にしたがわせるローマは、正義に反する国家である。アウグスティヌスにとっては、信仰においてのみ、魂と身体の正しい秩序が生まれる。「魂は神に仕えるとき身体を正しく支配し、また、魂それ自身において主なる神に従う理性は、欲望およびそのほかの悪しき部分を正しく支配する」のである。

そうだとすると「人間が神に仕えない場合には、その人間にどれだけの正義が存すると考えるべきであろうか」ということになる。神に仕えない人間は、魂が身体を正しく支配できず、「人間の理性が徳を支配することはできない。そして、そのような人間にいかなる正義も存しないならば、疑いもなくそのような人間からなりたつ人間集団にも正義は存しない」のである。これはローマという地の国における正義の可能性を否定するものである。アウグスティヌスの正義の概念によるかぎり、「地の国」にはそもそも公共善を目指す正義も、分配的な正義も成立しようがないのである。

†地の国の正義

しかしアウグスティヌスはこの地の国にも、それなりの役割があることを否定するわけではない。地の国に正義はないが、間接的な形で「神の国」に貢献することはできるのである。というのは、その人民が神を信仰しないかぎり、神の正義は存在しないが、それでも「地の国」で人々が正義の名のもとに和合して生きるかぎりは、平和だけは生まれるだろうからである。

神を信仰しない民は、「神から遠ざけられた民」であり、不幸であらざるをえない。しかし人民として和合し、平和を愛している民であるかぎり、「わたしたちにとっても重要である。というのは、二つの国が混在しているあいだは、わたしたちもまたバビロンの平和をもちいるから」であり、「しばらくのあいだ、バビロンのもとで遍歴の旅をつづけるのである」。

†遍歴の旅の途上の正義

キリスト教の信徒たちも、「地の国」で生きるあいだは、「神の国」への遍歴の旅をつづけているのであり、この地上で平和が確保されることは、好ましいことである。この平和は、「善き者にも、悪しき者にも共通するしばらくの時間的な平和」であり、キリスト者はこれを維持することに努力すべきなのである。

究極の正義が実現した場合には、「終局の平和」が訪れて、信徒たちは「もはや悪徳をもつこともなく、わたしたちのだれも自分自身や他者に反抗して戦うこともないであろうから、理性が悪徳を支配する必要もないだろう。悪徳は存在せず、神が人間に命じられ、精神が身体に命令するであろう」。このとき「至福の平和とこの平和の至福とが最高の善となるだろう」。

しかしそれまではすべての人がこの「地の国」において生きる必要がある。ここは、遍歴の途上において、人々が過ごす国である。人間の「もろもろの悪徳が謀反をおこして、理性を打ち負かしたり、理性に反抗したりすることがあっても」、理性がこうした悪徳を支配し、神にその過ちの許しを求め、「与えられた善きものにたいする感謝の行為が捧げられるとき」に、この世の正義が実現するのである。これは究極の正義ではなく、仮の正義ではあるが、「遍歴の旅」の途上において望みうる唯一の正義なのである。

ギリシアにおいては、ポリスは人間が善き生を送るための唯一の場であり、舞台であった。そこは人間が徳《アレテー》を発揮する倫理的な共同体だった。しかしアウグスティヌスにとって「地の国」は、遍歴の旅の途上において何とか平和を確保するために必要な悪の一つにすぎないのである。

トマス・アクィナス『神学大全』
――天上の浄福を準備するのが支配者の正義

†トマスの正義論の目的

アウグスティヌスの理論を継承しながらも、代表的なスコラ哲学者としてアリストテレスの理論を受容したトマス・アクィナス（Thomas Aquinas, 1225-1274）は、共同体の公共善を目的としたアリストテレスの正義の理論を、アウグスティヌス的なキリスト教の理論と矛盾なく調和させようと努力した。

正義の定義については、トマスはアリストテレスとキケロ、そしてローマ法の伝統に忠実である。キケロは正義を「各人のものを各人のものとして」と定義し、アリストテレスは倫理的な意味での正しい人とは、習慣や努力によって、正義を行なうような状態になっている人のことだと考えた。そしてローマ法では「正義は各人にかれの権利を帰属させようとする不動にして恒久的な意志である」と定義している。トマスはこれらをまとめて、次のように言い換える。「正義は、それによってある人が不動かつ恒久的な意志をもって各人にかれの権利を帰属させるところの習慣である」。

ただしトマスにおける正義の意味は、アリストテレスよりもさらに大きなものとなっている。それは人間の魂の救いにかかわるからである。アリストテレスにおいては正義は、ポリスという政治的な共同体の善を確保するために重要なものである。しかしトマスにおいては正義はさらに別の意味をもつ。罪を犯した者が正義の基準にしたがって罰せられない場合には、その者の救いが妨げられるからである。「ところで正義を保全することは救いに必要なことであるから、不正に誰かから取り去ったものを返還することは救いのためにも必要である」のである。矯正の正義によって不正が正されないと、不正を行った人間の魂は救われないのである。

†法と正義

トマスは、人間の社会で定められる法には邪悪な側面があると考える。トマスによると、原罪を犯す以前の人間は、「原初の正義」のもとにあった。人間は神の正しい秩序のもとで、いかなる罪も犯すことなく、無辜《むこ》の状態で生存していたのである。しかし人間はサタンの誘惑によって罪を犯した。そこで神の正義が執行され、人間は楽園を追放された。

原初の状態では神が人間に定めた法は、「理性以外の何物も、あるいは理性に反するいかなることも人間を不意打ちすることのできない効力をそなえていた」。しかし人間が神から離反した後は、「人間は感覚的な衝動のままに動かされる獣に似たもの」となった。だから邪欲をもつことは、「神の正義によって下された罰」であり、そのために邪欲を罰する法は、人間の邪悪さゆえに生まれたものなのである。

それでも法は人間の共同体の共通の善を目指すものである。「すべての法が共通善に秩序づけられている」のである。トマスは「人間の究極の目的は、幸福あるいは至福である」と考えるが、この至福とは世俗的な幸福ではなく、「神を見る」状態にいたること、すなわち魂が救済されることである。そして法もまた「至福にかかわる秩序づけにたいして、まず第一に配慮をはらうもの」でなければならない。

ところですべての人間は政治社会を構成する。この政治社会である国家は、世俗の秩序を維持する必要があり、共同体の共通善の実現をめざすものである。そもそもすべての人が「共通善によく適合しているのでなければ、善き者たることはできない」。だから「市民たちが、少なくとも支配的地位にある人々が有徳であるのでなければ、政治社会の共通善が十分に実現されることはできない」ことになる。こうして、政治社会の共通善は、支配的な地位にある人々の徳の高さに支えられているのである。

すべての法は、「それが正義の要素を有するかぎりおいて、法としての力《ウィルトウス・レギス》を有する」。法は正義を施行するかぎりで法として機能するのだ。法はそもそも「共通善へと秩序づけられる行為を命じる」のであり、この命令にしたがって市民は「正義や平和などの共通善を維持してゆくように教導し、形成される」のである。

トマスによると法は、三つの基準を満すときに「正しい」と呼ばれる。まず目的において、「法が共通善に秩序づけられている」ことが必要である。第二に制定者が、立法者の権限を超えないことが必要である。第三にその本質からして、「共通善をめざして、比例的な均等性に基づいて諸々の負担が市民たちに課せられる」ときに、その法は正しいものとされる。法は、立法者が定められた権限によって、配分的な正義の原理に基づいて共通善を目指すときに、正しい法となるのである。

†正義の種類

ところでトマスによると正義とは「他者にかかわるところのことがらにおいて秩序づけ、完成する」徳である。正義は「何らかの均等」を意味するのであり、均等は他者との関係において成立するからである。ところが神にたいしては均等ということは成立しない。神への正義というものがあるとすれば、それは「人間がその精神を全面的に神に従属させることによって、できうるかぎり神に（その負い目を）返すことである」ということになるだろう。人間と神とのあいだには、ほんらいの意味での正義は成立しないのである。

この他者との関係には二つの意味があるため、二種類の正義が成立する。他者は「個別的に考えられた他者」であるか、「全般的に考えられた他者」である。個別的に考えられた他者との関係における正義は、「ある人が同じ量のものをうけとるために、しかじかの量のものを与える」場合である。トマスはこれを自然権とか自然本性的な正義と呼ぶ。これはアリストテレスの交換的な正義とみなすことができる。正義において、「一人の私的人格が他の私的人格に関係づけられる場合」には、「この関係を指導するのが交換的な正義である」とトマスは語っている。

もう一つの「全般的に考えられた他者」との関係における正義は、「ある人がしかじかのものを受けとったならば満足だとみなす場合」の正義とされている。これはアリストテレスの配分の正義と考えることができる。トマスが「共同的なるものが個々の人格にたいして有するところの関係」について、「この関係を導くのが配分的な正義である」と語っているからである。

このように正義は公共善と密接な関係にあるが、この公共善はどのような社会において十全に実現されるのだろうか。トマスはアリストテレスにならって、人間を「社会的な動物」あるいは「社会的および政治的な動物」と呼ぶ。すべての人間は、「自然本性上、集団のなかで生活する社会的および政治的動物である」(トマス『君主の統治について』)。動物には防衛や闘争の手段がそなわっているが、人間はそのような手段がなく、一人では生きられないからである。

集団のなかで生活するのが人間の本性に適したものであるので、集団を統治する人物が必要である。すべての人が自己の利益だけを追求したのでは、集団はバラバラになって壊れるのであり、「集団の共通善について配慮するものが存在」する必要があるのである。

トマスは原罪が犯される以前の無辜の状態にあっても、支配が存在したと考えている。それは無辜の状態でも人間は「社会的な仕方で生きた」はずであり、「多数者の社会生活は、共通善を意図する何者かがこれを統治するのでないかぎり、存在しえない」からである。

この配慮する者、すなわち支配者が多数の者によってなされ、共通善を目指した正しい支配を行う場合には、それは正しき国制《ポリテイア》と呼ばれる。少数者が支配するときには、その者たちは貴族と呼ばれる。ただ一人の人物が支配し、「民衆の共通善を追求する牧者」(『君主の統治について』)となる場合には、その者は「王」と呼ばれる。これらの支配のうちで、最適なものは王の統治である。身体では心臓がすべてのものを動かしているように、「すべての自然的統治は一者によって司られている」(以下、同)からである。

この堕落形態として、一人の者が支配し、共通善を追求せずに、自己の利益だけを追求するときには、それは僭主制《せんしゅ》と呼ばれる。王の支配が最適であるのと同じ理由で、僭主の支配はすべての支配のうちで最悪になる。複数の者が支配して、民衆を抑圧する場合には寡頭制《かとう》と呼ばれる。民衆が富者を抑圧して自分たちの利益を追求するのが民主制である。

正義とは、共通善を目指すものである。だから「支配は、支配者が共通善を一顧だにせず、自分の私的な善のみを求めるという事実によって不正になる」のである。そこで僭主の支配はもっとも正義に反する。また「多数者の利益が追求される民主制よりも、少数者の利益が追求される寡頭制においてのほうが、共通善からいっそう遠ざかる」から、民主制、寡頭制、僭主制と、不正の度合いが強まることになる。「不正な支配のうちで最も耐えやすいのは民主制であり、最悪なのは僭主制である」。

†世俗の支配者と魂の支配者

　ところで人間の究極的な目的は幸福にあり、幸福は神を見ること、神を享受することにある。国家とは、「同一の法と同一の統治の下に善き生活へと向かう人々」の集団である。この国家に集いあう民衆の究極の目的は、たんに世俗の国家において「徳にしたがって生きることではなく、有徳な生活を通して［彼岸において］神の享受へと到達することである」。

　この神の享受へと導くことは、世俗の国家の王の任務ではない。「人間は神の享受という目的を人間的な徳だけでは達成することができず、神の恵みによらなければならない」からである。だからこの役割は地上の王ではなく、聖職者に委ねられる。魂の救済については、王は聖職者にしたがわなければならない。王の任務は民衆の善き生活という目的が実現されるようにすること、そして「民衆の善き生活をそれが天上の浄福へと到達するように、管理すること」である。

　だから王の任務は三つある。すなわち「一つは統治する民衆のために善き生活を確立すること、二つは、確立したものを維持すること、そして三つは維持してきたものを一層の完成へと推進させること」である。

このように国家の支配者の任務は、地上の国家において共通善を目的として統治し、大衆がこの世で善き生をすごせるように、天上の浄福に向けて準備させることである。それが支配者の正義である。この任務は偉大なものであるだけに、支配者に求められる徳もまた高いものとなる。民衆は自己の徳の高さによって、共通善に貢献し、彼岸での至福を願いうる。しかし支配者は個人的に徳の高さを追求するだけではなく、集団の共通善の実現を目指さなければならない。

こうして支配者には特別な正義が求められるのであり、そのために特別な徳の高さが求められる。支配者の徳の高さこそが、共通善の実現を可能にする。ここで正義と徳の高さと共通善は、分離することのできないほどに密接に結びつけられている。

マキアヴェッリ『君主論』
——自由な共和国における正義

†正義と公共善の絆

このように中世の社会においては、広い意味での公共善を実現することが正義であった。そして公共善を実現するのは君主であるが、同時にこれはすべてのキリスト教徒の倫理的な課題でもあった。トマスにおいても国家は信徒たちの倫理的な共同体であったのである。この正義と公共善の深い絆を断ち切ったのが、マキアヴェッリ（Niccolò Machiavelli, 1469-1527）である。マキアヴェッリは『君主論』において、君主が正義を体現すべきことも、大衆が正義を実現する倫理的な課題を遂行しうることも、真っ向から否定してしまう。マキアヴェッリは、それまでのキリスト教的な政治理論が、現実ではなく、幻想に依拠していたことを指摘する。

マキアヴェッリはこの書物を執筆した動機について、次のように語っているのだ。「わたしのねらいは、読む人にとって役に立つものを書くことである。物事について想像の世界を語るよりも、生々しい真実を追うほうがふさわしいと思う。これまで多くの人は、現実のさまを見もせず知りもせずに、共和国や君主国のことを想像で論じてきた。しかし、人が現実に生きていることと、人間がいかに生きるべきかということは、はなはだかけ離れている。だから人間がいかに生きるべきかを見て、現に人が生きている現実の姿を見逃す人間は、自立するどころか、破滅を思い知らされるのが落ちである」。

†マキアヴェッリの大衆観

キリスト教の教えでは、君主も臣民も、公共善を目指して努力し、正義を実現すべきだとされてきたが、それは「いかに生きるべき」かという規範の問題である。それは現実に人々が「いかに生きている」かということとはまったく別の次元の問題である。政治家は規範ではなく、現実を直視しながら政治を行うのでなければ、「破滅を思い知らされるのが落ち」なのである。

それではマキアヴェッリが目にした当時のイタリアの現実の姿はどのようなものだったか。まずマキアヴェッリは人間について「邪悪なものである」と喝破する。人間に正義など望むべくもなく、人間は非道な存在なのである。「人間はすべて悪人で、思うとおりにふるまう機会があれば、すかさずその非道ぶりを発揮して私欲を満たそうと、身構えていると、つねに考えているべきである」(『ローマ史論』)というのだ。もしも人間が善を行うとしたら、それは「必要に迫られて」のことであり、「法律がなければ人間は善人にならない」(同)のである。たしかにときには、気が向けば人間が善を行うこともあるかもしれない。しかし君主たるものは、人は悪人であると考えていなければ、道を誤るとマキアヴェッリは指摘する。

さらにマキアヴェッリは、人間は野望に駆られた動物であると指摘する。「たとえ必要に迫られても戦わない場合にも、ひとは野望に駆られると直ぐ戦うもの。この欲望はこころの奥に深く根を張っているので、ひとがどんなに出世をしても決して忘れられない。自然が人間をこしらえるとき、何によらず自分のものにしたいと焦りながら何一つ手にいれられないように仕組んだのも、そのためである」(同)。しかしマキアヴェッリはこの欲望を否定しない。これを活用する術をみいだすことを君主に勧めるのである。

†マキアヴェッリの君主観

さらに君主については、善行をすると広言することは身の破滅であるとマキアヴェッリは指摘する。「何ごとにつけても、善い行いをすると広言する人間は、よからぬ多数の人びとのなかにあって、破滅せざるをえない。したがって、自分の身を守ろうとする君主は、よくない人間にもなれることを、習い覚える必要がある」のである。

また君主は、他者にたいする信義を守ろうとしてはならない。君主は「信義を守るのが自分に不利を招くとき、あるいは約束したときに動機がすでになくなったときは、信義を守れるものではないし、守るべきでもない」。正義を口にするのはよいが、それは正義が自分に都合のよいあいだに限られるのである。

そもそも善行なるものには警戒が必要である。「人に恨みを受けるのは、ひとり悪行だけでなく、善行からも生まれることがある」からだ。権力を維持するためには、悪行をせざるをえないこともある。その場合には、善行をすることを約束していては、「善行があなたの仇《あだ》となる」ことになる。

このようにマキアヴェッリの『君主論』で描かれる人民は悪人であり、強制されなければ、善を行うことはない。アクィナスの『君主の統治について』では、君主が公共善を目指して善政を敷くことが求められたが、マキアヴェッリの『君主論』では君主は信義を守らず、悪人となることを学ぶ必要がある。その背後には、人間はエゴイストであるという辛辣《しんらつ》なまなざしが控えている。正義などは、みかけを飾るものにすぎないようである。

†マキアヴェッリの願い

それではこのマキアヴェッリのリアリズムのもとで、公共善は完全に否定されたのだろうか。実はマキアヴェッリが望んでいたのは、イタリアが統一され、平和が実現し、正義が実現されることだったのである。そのことは、『君主論』の最後で、一つの願望の形で語られている。マキアヴェッリはこの書物を献呈したロレンツォ・デ・メディチが「正義の戦いに決起する」ことを願っているのだ。

マキアヴェッリは「誰にとっても、外的の支配が、悪臭のように鼻につく。ならばこそ、誉れ高いご尊家が、正義の戦いに決起するときのあの勇気と希望をもって、この「イタリア統一の」重責を担っていただきたい。こうして、あなたの掲げる旗のもと、わが気高き祖国が燿《かがや》きわたり、あなたの叱咤激励のもと、ペトラルカのあの言葉が現実のものとなりますように――美徳は凶暴に抗して、武器をもって起たん／戦火はすみやかに熄《や》まん／イタリアの民の心に／古の勇武はいまも滅びざれば」と願っているのである。

マキアヴェッリの心にはまだ正義と祖国統一の願い、すなわち国家の統一という公共善への願いは生き生きと燃えつづけているようである。マキアヴェッリが願ったのは、正義や公共善を否定することではない。むしろ彼はこれを強く望んでおり、スコラ哲学の方法ではこれが実現できないことを訴えたかったのだ。それではどのようにすればこれが実現できるのだろうか。

†君主と民衆

マキアヴェッリは祖国統一の手段として、もっとも可能性の高いのは、君主が共和制的な国制を採用することだと考えていた。それが「わが気高き祖国が燿きわたる」ことのできる道だと判断したのである。そのことは、さまざまな君主国を比較しながら、もっとも可能性の高いのは「市民型の君主国」だと語っているところからうかがえる。この国家には、「君位につく者の力量ないし幸運」のように、ごく稀《まれ》でえがたいものが「全面的に必要なわけではなく、むしろ運に乗るずるさが必要となる」とされているだけなのである。

しかも君主は、貴族ではなく、民衆の支持のもとで、こうした国家を建設すべきである。というのは、「民衆の願いは、貴族のねらいより、はるかにまじめなものであって、貴族の望みは抑えつけることだが、民衆は抑圧されないことを願っているだけである。さらに、民衆は多人数であるから、民衆を敵に回す君主は安閑としていられないが、相手が貴族であれば少数なので、安心していられる」のである。

マキアヴェッリは何度も、「民心をつかむこと」の重要性を強調する。君主の策略は、いかにしてこの課題を実現するかにかかっている。それは国家が「市民型」であるかどうかを問わず、すべての国家にあてはまることなのである。たとえば国家で叛乱が起きないようにするための「もっとも有効な対策の一つは、衆人の憎しみを買わないことである」と指摘する。さらに国家を防衛するための最上の策は、民心をつかむことである。「もし最上の要塞があるとすれば、それは民衆の憎しみを買わないことにつきる。なぜならどんな城を構えてみても、民衆の憎しみを買っていては、城はあなたを救ってくれない」からである。そしてマキアヴェッリは傭兵制の悲惨な結果を強調する。自国の市民に武装させなければ、国家は安泰ではないと訴えるのである。「みずからの武力をもっていなければ、どんな君主国であっても安泰ではない。いやむしろ、ひとたび逆境ともなれば、自信をもって国を守っていく力がないから、なにごとにつけ運命まかせになる」。これは民衆への信頼なしでは、民衆が国を守るために立ちあがるという信頼なしでは、生まれない構想である。

†公的な徳

マキアヴェッリは民衆のうちに、このような祖国を防衛するために立ち上がることのできる「公的な徳」が存在していることを信じていた。実際にマキアヴェッリは祖国フィレンツェを防衛するために、自国の国民からなる軍を組織して、外国からの脅威に対抗することに、かなり成功しているのである。この民衆の公的な徳への信頼は、『ローマ史論』において明確に示されている。

マキアヴェッリはアテナイやローマ共和国が繁栄した原因は、人民の自由にあったこと、そして人民が国家という公共善を維持しようとする共和的な徳をそなえていたことにあると考える。「これによってただちに人は、人民仲間に感じられる独立心が何をその原因とするかを会得するはずだ。というのは経験によっても、都市がその勢力と財産を増すのは、ただそれが自由な状態に置かれたときに限るということを、私たちは知っているからである」（『ローマ史論』）。

自由な人民による国家、それは共和制である。「個人的な利益ではなく、公共善こそが国家の隆昌をもたらす。その公共善は、ただ共和国においてのみ尊重されることは言うをまたない」（同）のである。それにたいして君主国では、その反対である。多くの場合、「君主の利益になることは国家にとって有害であり、国家にとっての善は君主自身の私益を害するからである」（同）。

だからマキアヴェッリは自由な国民の公的な徳にこそ、期待をかけていたのだ。市民が正義の戦いに赴くことこそが、祖国を統一に導くと考えていたのである。そのためにはキリスト教という宗教は不適切なものだった。かつての異教徒たちは、「現世の栄誉を高く評価」（同）していた。そして共和国での自由な活動を尊重し、「現世での手柄によって名をあげた者でなければ、すなわち武将や共和国の元首でなければ、至福者として祭られなかった」（同）ことをマキアヴェッリは指摘する。

これにたいしてキリスト教では、現世の栄誉を軽んじる。「私たちの宗教で至福者として祭られるのは、活動家よりもむしろ隠遁的な思索家たちである。したがってその人たちは謙虚の徳を積み、人間的な物事を軽んじ、あるいはこれを冷笑したりする」（同）。しかし「宗教が求めるのは祖国の隆昌と防衛である」（同）のだから、祖国を防衛する市民たちの活動を高く評価すべきなのである。

このようにマキアヴェッリは、自由な市民たちが祖国のために戦うこと、そこにこそ正義があるのであり、公共善の実現は正義の営みとして、市民たちの義務だと考えていた。トマスもまた正義は公共善の実現だと考えていた。しかしその実現にいたる道筋は、正反対なほどに対照的である。トマスはキリスト教の君主が、倫理的な共同体のうちで正義を実現する方策を模索する。しかしマキアヴェッリは、武装した自由な市民が祖国を防衛する戦いのうちでしか、正義は実現されないと考えるのである。

第二章
社会契約論と正義

第一章でみてきたように西洋のキリスト教の社会では中世にいたるまで、公共善を実現することが正義の役割であると考えられていた。マキアヴェッリは、そうした伝統的な公共善の概念を維持しながらも、まったく新しい人間観を提起していた。これにたいして、ホッブズはあらゆる伝統的な人間観から離れた独自の人間観を示すことで、きわめて斬新な政治哲学と正義論を展開する。

近代の政治哲学は、公共善の概念をまったく必要としないホッブズによって始まると言えるだろう。この章では、ホッブズが提示した「契約」の概念に基づいて、哲学者たちがいかにして新しい政治哲学と正義の概念を構築していったかを検討したい。スピノザは民主制の国家でこそ、真の意味での正義が実現すると考える。ロックは社会契約の原理には、契約に違反した統治者への抵抗の権利が含まれていることを指摘する。ルソーは社会契約こそが正義を実現すると主張する。そしてカントは国家を超えた地球的な正義と永遠の平和を夢想するにいたるのである。これらの近代の重要な政治哲学者はいずれも、社会契約の概念によって正義を考えていたのである。

ホッブズ『リヴァイアサン』
――国家が正義を執行する

†ホッブズの人間観

アリストテレスは人間を「政治的な動物」と呼んだのだった。人間には自然に国家を設立して、共同のうちに暮らす傾向があると考えたからである。アウグスティヌス以降のキリスト教的な人間観は、人間のうちに原罪をみいだしながら、その罪のために国家を必要とすると考える。これにたいしてホッブズ（Thomas Hobbes, 1588-1679）は、人間のうちにこうした自然的な傾向や原罪のようなものがあることを否定する。そしてただ自己をみつめながら、自己のうちで確認した事柄が、人間一般に適用することができるかどうかだけを問題とするのである。

ホッブズは、「汝自身を知れ」という古い格言を援用しながら、「一人の人間の思考や情念は、他人のものと類似しているものだ。だから自分自身をみつめて、思考し、判断し、推理することによって、希望や恐怖を抱くときに自分がどうするか、また何に基づいてそうするかを考察するならば、同じような場合に他のすべての人がどのように思考し、どのような情念を抱くかを、いつでも知ることができるだろう」と考える。

この方法で人間を探ってゆくということは、いかなる自然的な傾向や原罪などに規定されていないただの裸の人間、いかなる制度も存在しない自然状態における人間を考えるということである。これはある種の思考実験であるが、誰もが実行できる実験であることをホッブズは強調する。

†自然状態における平等

この方法で明らかになるのは、こうした自然状態においては、人間は生まれつき平等だということである。たしかに身体的な差異はあるし、精神的あるいは心理的な差異もあるだろう。強い腕力をそなえた巨漢は、暴力によって他人を圧倒できるかもしれないし、策略に富んだ人間は、罠をかけて他人を支配するかもしれない。あるいは心理的な駆け引きで他人を隷属させることもできるかもしれない。

しかし全体としてみると、人間にはそれほど大きな違いはない。巨漢は精神的あるいは心理的には弱いかもしれないし、いくら強い人間でも、いつも目覚めていて警戒することはできない。そして「もっとも弱い者でも、密かな企みにより、あるいは彼自身と同じ危険にさらされている者との共謀によって、もっとも強い者を殺すだけの強さをもつのである」。

このように人間は平等であるから、強い者でも自己を防衛するために何らかの保護が必要である。この保護を与えるのが社会である。社会が存在しないところでは、誰もが密かに殺されることを恐れていなければならない。これが戦争状態である。この戦争状態では、人々は安心して働くこともできず、つねに他人にびくびくと怯《おび》えていなければならない。

この戦争状態にあっては、正義も不正も存在しない。「共通の力のないところに法はなく、法のないところに不正義はない」からである。人間のうちに、いかなる自然的な傾向も原罪も存在しないのであれば、正義というものは、法が定められた後に、すなわち社会において共通の力が発生して、法について人々が合意した後に初めて発生するものとしか考えられないのである。

†自然権

この自然状態においてはいかなる法も存在していない。人々の合意が存在しないからである。しかしこの状態においてすべての人には、自己を保存する権利がある。それは人間が平等であるからであり、すべての人に生存の権利があるからだ。これが自然権である。自然権とは「各人が、各人の自然、すなわちみずからの生命を維持するために、各人の欲するままに自分自身の力をもちいるという、各人の権利である」。

ここでホッブズは、ヨーロッパ系の言語では同じ語があてられることが多い「権利」と「法」の概念を明確に区別する。「権利」とは、あることを実行するか、実行するのを控える自由である。たとえばぼくたちはふつうは集会において発言する権利も、発言しないでいる権利もある。どちらでも自由に選べるのだ。これに対して「法」は、あることを実行するように、または実行するのを控えるように、そのどちらかを規定し、そう拘束する。法によって集会で発言を禁じられているならば、ぼくは沈黙するしかない。発言しても有効とは認められないだろう。

†自然法

だから自然状態では誰もが権利だけをもっている。そこにはまだ法は存在しない。しかしこれは同時に戦争状態でもあり、この状態は永続することができない。その状態では人間は「自然がふつう、人々に対して生きるのを許している時間を生き抜くことはできない」からだ。誰も寿命をまっとうできないのである。そこでホッブズはここに、自然の権利を制約するような自然の法が機能すると考える。それでなければ、人間が生存しつづけることはできなかったはずだからだ。この法は社会で定めた法ではなく、自然法と呼ばれる。これは人間が理性を働かせて、戦争状態を廃棄するために定めたものなのだ。

この自然法は三つの基本的な法で構成される。平和の法、契約の法、正義の法である。第一の自然法は「平和の法」であり、これは「各人は、平和を獲得する望みがあるかぎり、それに向けて努力すべきである」ことを定める。この可能性がない場合には、自然権が適用されて、各人は自己の生存を維持するために「戦争のあらゆる援助と利益を求め、かつもちいてよい」のである。

†社会契約

第二の自然法は「契約の法」であり、平和を獲得する望みがある場合に、第一の自然法を遵守することを求めるものである。そのためには各人は戦争状態を招いている自然権を放棄しなければならない。ただしすべての他者が同じようにみずからの自然権を放棄するという前提のもとにおいてである。

さて、この各人の自然権はどのようにして「放棄する」ことができるだろうか。ある権利を放棄するには、放置する場合と譲渡する場合がある。放置するというのは、その権利から生まれる利益をほかの誰が享受しても構わない場合であり、譲渡するというのは、その権利から生まれる利益を享受する人が定められる場合である。この自然法によると各人は、相互の平和を確立するために、各自の自然権を放棄することに合意するのである。

そして「契約」とは、権利の相互的な譲渡である。自然権の放棄が放置ではなく、譲渡によって行われた場合には、譲渡した人間には義務が生まれる。譲渡した者には、その権利による利益を享受するように意図された人、すなわち権利の譲り受け人が、その利益を享受することを妨げてはならないのである。これを妨げることは、正義に反するとホッブズは指摘する。ここで正義が登場するのは、人々のあいだで権利を譲渡するという合意が生まれ、それが義務として、法的な拘束力をもつようになったからである。それまではいかなる法も存在しないのだから、正義も不正も存在しなかったのである。

このようにしてホッブズのもとで社会契約という新しい概念が登場する。この概念は公共善という伝統的な社会と正義の概念に代わって、人間が国家を設立し、そこで正義を実現するための思考の装置の役割をはたすようになった。この思考の装置は、市場で対等な立場で契約を結び、商品を売買する資本主義的な社会の人間のありかたから考えだされたものである。この思考の装置では、人間が原初的な状態において実際に契約を締結したかどうかはそれほど問題としない。重要なのは契約という考え方で、すでに成立している国家の存在理由が説明できるということである。ホッブズからスピノザを経て、ロック、ルソー、カントまで、社会契約の理論は近代の国家と正義の理論の一つの重要な軸となるのである。

†正義の自然法

第三の自然法は「正義の自然法」であり、その契約が守られることを求める正義の法である。この権利の譲渡の契約が結ばれたのちは、契約の当事者がたがいにその契約を守ることを信頼しあうのであり（ホッブズはこれを「信約」と呼ぶ）、この信約に反することは不正である。この正義が守られるためには、ある裏づけを必要とする。この裏づけなしで、不正を犯した者がそのまま罰せられないままであるならば、それは戦争状態がつづいているということであり、契約の意味がなくなるからである。

その裏づけとなるのが国家である。国家が設立され、何らかの強制力が存在して、不正を犯した者を罰する必要がある。「正義は各人に各人のものを与えようとする不断の意志である」とホッブズは伝統的な配分の正義の概念を提起する。ただしここで「各人のもの」が可能となるためには、所有権が確立されている必要があり、所有権が成立するためには、国家が成立されていることが必要である。「各人のものがない場合、すなわち所有権がない場合には、不正義は存在しない。また強制力が樹立されていないところには、すなわち国家がないところでは、所有権は存在しない」。この三つのもの、正義と国家と所有権は不可分のものなのである。

†国家と正義

このように正義が存在するためには、国家が存在して所有権を確保し、契約に違反する者を処罰する必要があることが示された。国家とは「人々を恐れさせ、処罰の恐怖によって人々が信約を実行し、さまざまな自然法を遵守するように拘束する可視的な権力」のことである。このようにして国家が成立することによって、正義が確立されたのである。

この国家はその内部において国民たちがたがいの信約を守るように強制する権力であり、正義の権力である。しかしホッブズの国家においては、この正義の権力そのものは、正義の処罰の対象となることがない。それではこの権力がもしも国民の「各人のもの」を侵害するようになった場合には、正義はどのようにして守られるのだろうか。

皮肉なことに、ホッブズの構想ではこの場合には正義を守る権力はないのである。そのことを国家の成立構想にさかのぼって調べてみよう。ホッブズは国家が成立するパターンとして、設立による国家の成立と獲得による国家の成立を分類している。獲得による国家は、外部から強制力によって国民に権力をおしつけ、国民の所有権を保護する国家である。国民はいわば征服されて国家の一員となったわけである。

この場合には、これまで考えてきたような三つの自然法は適用されないことになる。この国家において国民の正義が守られない場合には、国民は国家を離脱するか、国家を倒すしかないだろう。だから正義の確立が問題となるのは、三つの自然法のもとで、国民が集まって自主的に国家を設立し、権力を譲渡する設立による国家の形成の場合である。

この設立による国家の形成の場合には、人々はたがいに、「わたしはこの人、またはこの合議体にたいして、自己を統治するわたしの権利を、権威づけ、与えるが、それはあなたも同じように、あなたの権利を彼に与え、彼のすべての行為を権威づけるという条件のもとにおいてである」と契約するのである。この契約の特徴は、国民たちがたがいに第三者に権力を譲渡することが契約されるだけであって、権力を譲渡された第三者（主権者）は、この契約の当事者（臣民）ではないことである。主権者は臣民の契約に拘束されないのだ。

†正義の回復の道

だからこの種の国家では、国民はたとえ国民の正義が主権者によって侵害されたとしても、国家から離脱することも、国家を倒すことも不正義である。国民は、主権者にすべての権力を譲渡し、権威づけ、与えたのであるから、「誰か一人が異議を唱えて、残りのすべてのものが彼と結んでいる信約を破るとすれば、それは不正義である」ことになる。また彼らが主権者を廃するとすれば、それは不正義である。主権者を廃することを企てて、主権者に殺されたとしても、「彼は設立によって、彼の主権者が行うすべてのことの本人なのだから、彼自身の処罰の本人なのである」。主権者にたいするあらゆる反逆は不正義なのである。臣民は全権を譲渡したのだから、そして主権者の行為は臣民の本人の行為であるから、臣民は主権者の行為を不正義として非難することすらできない。主権者は「臣民のうちの誰からも、不正義という非難を受けるべきではない」というのである。

これは絶対的な恐怖の権力であり、臣民はもはや叛乱を起こして、みずからの自然権を回復する戦いに入るしか、これから離脱することはできない。この契約は自己の生命の維持を目的として締結されたものであるから、これがほんらいの目的に反していると判断された場合には、臣民はこれを離脱する戦いを起こすことができる。しかしそのときにはもはやその人は臣民ではない。国家の敵である。「叛乱した臣民たちにたいする害は、戦争の権利によってなされるのであって、処罰としてではない」のである。

そしてこの戦いにおいて、正義は国家の側にある。「戦争をすることは、本原的な自然の権力によって、合法的である」からである。正義を侵害された臣民は、ホッブズの国家においては、その正義を回復することができない。正義を回復するための戦いは、権利を譲渡した本人に対する戦いという意味をもつものであり、論理的に不正な行為なのである。正義は不正のうちでしか回復されず、回復されても不正なままである。この国家において、主権者に侵害された正義を守る道は、最初から閉ざされているのである。ホッブズの国家は、旧約聖書に登場する怪物リヴァイアサンのように、抑えがたいものとなってしまう。

スピノザ『エチカ』
――民主的な国家のうちで最高の自由と正義が実現する

†スピノザの人間観

スピノザ（Baruch de Spinoza, 1632-1677）もまたマキアヴェッリと同じように、「そうあってほしいような人間」ではなく、「あるがままの人間」（『国家論』、以下同）を考察することを訴えて、その政治哲学を始めている。それではその「あるがままの人間」とはどのような存在だろうか。それはさまざまな激情が人間の本性の過誤としてではなく、「人間の本性に属する諸性質」であるような存在である。人間は嫉妬や復讐心や名誉心や愛憎に激しく動かされる存在であり、「人間は必然的に諸感情に従属する」存在である。

たしかに人間には理性がそなわっていて、「理性はなるほど感情を制御し、調整することはできる」。しかし民衆が理性にしたがって生きると想定することは、「詩人たちの歌った黄金時代もしくは空想物語を夢見ているだけ」と言わざるをえない。ところがスピノザにとって人間は、理性に導かれなくても社会状態を形成している存在である。

ホッブズの自然状態では、人々は戦争状態にあり、契約を締結することで、初めて社会状態を樹立する。しかしスピノザは、人間が理性の導きによらずとも、社会を形成していることに注目する。「人間というものは、野蛮人たると文明人たるとを問わず、いたるところで相互に結合し、何らかの国家状態を形成する」のがつねなのである。人間はホッブズのように、理性に基づいて自己を保存するのではなく、感情に動かされて、ごく自然に国家を形成する。スピノザにとっての自然状態は、戦争状態ではなく社会状態であり、ほんらいは好ましいものなのである。「国家の諸原因とその自然的な基礎は、理性の教説の中に求められるべきではなく、かえって人間共通の本性あるいは状態から導きだされるべきである」とスピノザは考える。

†国家の成立

それではホッブズとは違って、理性の導きによって社会を樹立することのできない人間たちは、どのようにして原初的な状態において、社会を形成することができるのだろうか。スピノザはまず、人間は感情によって支配された動物であると考える。ただし感情には受動的な感情と能動的な感情があり、その作用は異なる。人間が悲しみや憎しみという受動の感情によって支配されるときには、「相互に対立的でありうる」(『エチカ』、以下同)。たとえば宏が敦の愛するものをもっているとしよう。敦はそれをもっていないために宏を憎むことになる。敦が宏を憎むので、宏も同じく敦を「憎み返す」ことになるだろう。こうして受動的な感情に支配されている二人はたがいに対立するようになる。「たんに感情に基づいて努める人は、本能的にのみ行動するのであって、そのゆえに人から憎まれる」のである。

このようにして感情に支配されている人間は隣人を嫉妬し、憎み、その財産を欲しいと思う。「人間が怒り、ねたみ、あるいは何らかの憎しみの感情にとらわれるかぎり」(『国家論』、以下同)、相互に対立する。このような人間はどんな獰猛《どうもう》な動物よりも恐るべきものとなる。「それゆえに人間は、本性上たがいに敵である。何しろ私にとって最も恐るべき者、また私がそれをもっとも防がなければならない者は、私のもっとも大なる敵だからである」。

だから人間は本性的には、たがいに憎み合う敵どうしである。しかしこの本性からは、ホッブズが指摘したように、戦争状態が生まれるのではないだろうか。この激しい感情を、理性が抑えることは困難である。また宗教は隣人愛を教えるが、これは「感情にたいした効果を発揮しない」。理性も宗教も抑えることができないものを、何が抑えることができるのであろうか。

この感情を支配することのできるものは、理性ではなく、もっと強い感情であるとスピノザは考える。「感情はそれと反対であるか、それよりも強力な感情によらなければ、抑制されることも除去されることもできない」（『エチカ』、以下同）からである。

もしも憎む相手を憎み、害しようとすると、それよりもさらに大きな害が発生することが確実に予想されるならば、その害の発生を避けるために、人間はこの憎しみの感情を制御するだろう。「ある人を憎む者はその人を遠ざけ、あるいは破壊しようと努めるだろう。しかしそれによって、自分自身にさらに大なる悲しみあるいはさらに大なる悪が生じることを恐れるならば、そして企てた悪を、憎む人に加えないことによってそれを避けうると信じるならば、その人は悪を加える企てを断念しようと欲するだろう」。

しかしこれは理性的な判断ではない。たんなる自己保存のための打算の感情なのである。これが人々に国家を設立させ、共通の生活様式と法律を定めさせる。そして理性は人々を制御できないから、「刑罰の威嚇《いかく》によって」、人々に法律を遵守させるのである。この国家の設立には、また別の恩恵がある。「人間の共同生活からは損害よりもはるかに多くの利益が生じる」からである。人間は相互扶助を必要とする生き物であり、人間は理性によってこれを認識することができる。「人間というものは相互の援助なしには、生活を支え、精神を涵養《かんよう》することがほとんどできない」(『国家論』、以下同)存在なのである。

†自然権の保持

このように自己保存のための打算の感情と、相互援助の利益を認識する理性の働きによって、人間はすぐに自然状態から離脱して、いたるところで社会を形成する。ここでスピノザがホッブズと異なるのは、社会状態の成立が、自然権の放棄を伴わないことである。自然権とは、魚が水の中でわが物顔に泳ぎ回り、大なるものが小なるものを貪《むさぼ》るように、自然の定められたありかたにおいて、自己を保存する権利である。「それぞれのものができるだけ自己の状態に固執しようとつとめること、しかもそれは他者を考慮にいれることなく、たんに自己のみを考慮にいれて、そうなることが自然の最高の法則である」(『神学・政治論』)。人間は自己を保存するという自然権をもつのである。

ところがこの「人類に固有なものとしての自然権は、人間が共同の権利を持ち、住みかつ耕しうる土地をすべて確保し、自己を守り、あらゆる暴力を排除し、そしてすべての人々の共同の意志に従って生活しうる場合だけに考えられる」(『国家論』)のである。孤立した人間には、自然権はそもそも存在しないのであり、人間は国家のうちでのみ、自然権を所有することができる。「国家の目的は究極のところは自由にある」(『国家論』)からである。国家は人間に自然権を行使させ、人間を自由にする。

これがスピノザとホッブズの最大の違いであることは、スピノザがある書簡で「国家論に関して私とホッブズとの間にどんな相違があるかとお尋ねでしたが、その相違は次の点にあります。すなわち私は自然権をつねにそっくりそのまま保持させています」と書いていることからも明らかである。市民は国家のうちで自己を保存する自然権を維持するのであり、国家の市民となるのは、国家がその自然権を高めてくれるからである。

†正義

さて正義や不正義というものは、この社会の樹立の後に、法律が定められた後に初めて発生する。正義とは、「何がこの人に属し、何があの人に属するかが共同の権利によって決定される」(『国家論』)ような国家の中だけで問題になる事柄である。「各人にたいして各人のものを認めようとする恒常的な意志を持つ者が正しい人と呼ばれ、これに反して、他人に属するものを自分のものにしようとつとめる者は、不正な人と呼ばれる」(同)のである。

これにたいして自然状態では、各人のものが定められていないのだから、各人に各人のものを与えるべき正義は存在しない。「自然状態においては各人にたいして各人のものを認めようとか、ある人からその所有を奪おうとする意志は考えられない。言い換えれば、自然状態においては正義とか不正義と言われうる何ごとも起こらない」(『エチカ』)のである。ホッブズの場合と同じように、国家において初めて正義が問われうるようになる。

†最高権力と正義

このように自然権は、国家のうちで「共通の権利」としてさらに高められたのだった。そのために何が正義であり、何が不正義であるかという判断もまた、国家に委ねられる。「国家の意志はすべての人々の意志とみなさなければならないから、国家が正または善と決定したことは、各人によってそう決定されたと同様に考えられなくてはならない」(『国家論』、以下同)のである。

ということは、正義について決定する権利があるのは「最高権力」であるということである。「何が善であり、何が悪であり、何が正当であり、何が不当であるかを決定する権利」をもつのは国家の最高権力だけである。

†最善の国家

しかしこれは国家のもとで人間が自由ではなくなることを意味するわけではない。国家状態にあるということは、人間がもっとも理性的に行動するということである。「国家状態にあってはすべての人々が同じ恐怖の対象をもち、すべての人々が一にして同一なる安全原因と、一にして同一なる生活様式を有する」ということである。こうした人々は「自己の意向にしたがって自己の安全と自己の所有とをはかっている」のである。国家のうちで国民は最高の自由を実現する。

このことを自覚している人間は、国家のうちで正義の人となろうとするだろう。「人間は理性によって導かれることが多ければ多いだけ、言い換えれば自由であればあるだけ、しっかりと国家の法律を守るだろうし、自分がその臣民であるような最高権力の命令を実行するだろう」。

そもそも国家の目的は、「生活の平和と安全」であり、「人間が和合して生活し、そしてその法が侵犯されることなく維持される国家が、最善の国家である」ことを考えると、最善の国家は、人々がつねに正義を守る正義の国家であると言えるだろう。この正義の国家はどのような国家となるだろうか。それは「自由な民衆の建てる国家」だとスピノザと考える。「戦争の権利によって民衆の上に獲得される国家」では、「征服された民衆は希望よりも恐怖によって導かれる」だろうし、「死を避けることのみ努力する」だろう。これにたいして自由な民衆の国家では「民衆は恐怖よりも希望に導かれる」だろうし、「生活をはぐくむことに努める」だろうからである。

†国家体制と正義

これは国の成り立ちだけにかぎられない。最高権力の構成においても同じことが言える。スピノザは通例のように国家を民主政治、貴族政治、君主政治に分類する。民主政治とは、統治権が「全民衆からなる会議体に属する」国家である。貴族政治とは統治権を握る会議体が「若干の選ばれた人々からなる」国家である。君主政治とは「統治権が一人の手中にある」国家である。

国家を一人の人間だけが支配するのは、そもそも困難なことである。「たった一人の人間が国家の最高の権利を握りうると考えるのはきわめて間違いである」のはたしかであり、君主は多くの場合、数名の臣下に支配を委ねる。だから君主国家は「実際の運用においては貴族国家である」。しかも「公明な貴族国家ではなくて内密な貴族国家であり、したがって最悪の貴族国家である」ことが多いのである。

あるいはトルコのように一人の君主の独裁政体であることもある。そこから生まれるのはすべての国民の隷属である。こうした国家では反逆する者はおらず、平和にみえるかもしれない。「しかしもし隷属、野蛮、荒野を平和と名づけうるならば、人間にとって平和ほどみじめなものはない」だろう。だから君主国家が正義の国家であるのは、きわめて困難なことになる。

また貴族国家については、この国家を統治する会議体の大きさが問題になる。もしもこの会議体が全国民に開かれているとするならば、それは絶対統治の国家になり、もはや貴族国家とは呼べなくなるだろう。絶対統治とは「民衆全体によって行われる統治」だからである。貴族政治とは、この「絶対統治に最も接近した統治」を目指す国家となるだろう。それでいて、統治制度から民衆を排除し、民衆からの危険を防止する比率が必要となる。スピノザは理想的な比率は、民衆五〇にたいして貴族一の割合であると考える。それでなければ、民主政治になるほかないというわけである。

この貴族国家の難点は、選ばれた貴族たちの間の平等性を維持することが困難であり、貴族たちの間で嫉妬が生まれるのを避けられないことにある。そして「勢力のある者はもっぱら自分たちだけが統治者になろうとすることに努める」だろう。やがて「統治権はしだいに少数者へ移行し、ついに派閥争いの結果、一人の人間に帰することになる」だろう。このようにして貴族国家は君主国家へと変貌する。貴族国家もまた、正義の国家であることは困難なのである。

スピノザはこのように、絶対統治の国家である民主政治に期待をよせている。民主政治の国家は、ほんらいは好ましいものである「自然状態にもっとも接近した」国家である。というのは、この国家では、すべての人間は「共同の決定に従って行動すべく義務づけられているが、共同の決定に従って判断し、思考するようには義務づけられていない」からである。そのため、この国家では人間は自由に思考することができることになる。スピノザは、「人間に判断する自由をより少なく許容すればするだけ、自然状態から一層多く遠ざかることになり、従って一層多く専制的な支配になる」と考えている。

だから国民に自由な思考を許す国家は、自然状態にもっとも近い国家であり、それが民主国家である。この国家においては、人々の判断と思考の自由がもっとも確保されているために、正義が侵害される可能性がもっとも低いのである。民主的な国家のうちでのみ、最高の目的と正義が実現すると、スピノザは考える。

ロック『市民政府論』——不法に抵抗するのは正義である

†ロックの自然状態

ホッブズとスピノザの後を受けて、一六八九年の名誉革命直後のイギリスで、社会契約論を唱えたのがジョン・ロック（John Locke, 1632-1704）である。ロックはスピノザと同じように、自然状態においてすでに社会状態が成立していると考える。自然状態は戦争状態ではなく、「完全な自由の状態」である。自然状態を支配する自然法は、「何人も他人の生命、健康、自由、または財産を傷つけるべきではない」ということである。

そこでは「自然法の範囲で、みずからの適当と信ずるところにしたがって、自分の行動を規律し、その財産と一身とを処置することができ、他人の許可も、他人の意志に依存することも不要である」。そこにはスピノザと同じ意味での自己保存の原理が働いているのであり、「各人は自分自身を維持すべきである」とされている。

この自然状態の特徴は、ホッブズと同じようにすべての人が平等であることである。ホッブズではこの平等は、たがいに殺し合うことができるという否定的な意味で考えられたが、ロックでは人間の平等は、「一切の権力と権限」の平等であって、人間が他人に従属したり、服従したりすることがないという肯定的な意味で考えられている。

ということは、この原初の状態において、すでに基本的な正義の原理が存在しているということである。自然状態においては、すべての人が自然法を執行する権利があり、「この法に違反する者を、法の侵害を防止する程度に処罰する権利を、各人がもつ」からである。この法に違反して他者の自然の権利を侵害する者は、「不正の暴力と殺人とによって、全人類に対して戦いを宣した」ことになる。

これはアリストテレスの定義で言えば、矯正的な正義が自然状態においてすでに認められていることになる。ホッブズもスピノザも、国家が構築されて、法律が定められた後に、初めて正義と不正が登場すると主張していた。しかしロックはこの国家状態になる以前から、人々の間を正義が律していると考える。「誠実と信義とは、人間そのものに本質的なもので、決して［国家という政治的な］社会の一員としての人間に属するものではない」と考えるのである。

†社会状態と所有権

しかし自然状態において個人の「財産」を擁護することが自然法であるとするならば、そこにはすでにある種の社会が成立しているということである。ロックは最初の社会は夫婦の間で成立すると考える。「最初の社会は、夫と妻の間にあり、そこから両親と子供との間の社会関係が生まれた。時が経つにつれて、さらに主人と僕《しもべ》の間の社会関係がそれに加えられるようになった」のである。原初の自然状態はすでに社会状態なのだが、「まだ政治社会にはなっていなかった」だけなのである。

政治社会を統治するのは政治権力であるが、この政治権力とは「所有権を規制し、維持するために法律を作る権利」であり、そのために「死刑、したがって当然それ以下のあらゆる刑罰について、法を作る権利」であり、「法を執行し、また外敵に対して国を防禦するために協同体の力を用いる権利」である。そしてこれらのすべては、「公共善のためだけに行われる」のである。

政治権力が存在しない社会状態では、まだ所有権を守るための法律は存在しない。法律が存在しないところでは「所有」とか「財産」というものは成立しないというのが、ホッブズやスピノザの考え方である。これにたいしてロックは法律や外部の強制的な権力が存在しなくても、すでに社会のうちで所有権が存在していると考える。

ロックは自然状態と社会状態を対立させるのではなく接近させて、これと政治状態を対立させる。それは自然状態においてすでに所有権が存在していたと考えるためである。一方、社会状態と政治状態を対立させて考えるのは、その「所有」と「財産」を保持するための方途に注目するからである。

†所有権の基盤としての労働

それでは法律によらずに所有権をどのようにして確立することができるだろうか。そこでロックが提示するのが労働の役割である。まずロックは人間に自然にそなわる所有権として、身体の所有権があることを指摘する。「人は誰でも自分自身の一身については所有権をもっている。これには彼以外の何人も、なんらの権利を有しない」のである。

身体を「所有」という法的な用語で考えるのがロックに特徴的な考え方であるが、ロックはこの原初的な「所有」を次々と拡張してゆく。まず身体の働きによって作りだしたものに所有が認められる。「彼の身体の労働、彼の手の働きは、まさしく彼のものである」ということになる。

森で拾ったドングリは、彼が最初に拾ったとき、すなわち「労働がなされた」ときに彼の所有となるのであり、ドングリを家に持ち帰ったときでも、料理したときでも、それを消化したときでもない。「私のものであった労働がそれに対する所有権を確立した」のである。ただしこの所有権には、「ほかに他人の共有のものとして、十分な量が、そして同じように良いものが残されているかぎり」という条件がつけられる。まだ十分な良いドングリが「共有できる」ものとして残っていることが所有権の第一の歯止めである。

しかしこの所有権は第一の条件を満たしたとしても、無限に認められるものだろうか。ロックはこれに第二の歯止めをかける。それは人間が所有物を「享受できる」かぎり認められるのである。「腐らないうちに利用して、生活に役立てることのできるものについては、誰でも自分の労働によってそれに所有権を確立することができる」という。個人で使用できる量にかぎるというのが第二の歯止めである。

†歯止めの解消

しかしロックは所有権を段階的に拡張する過程で、これらの二つの歯止めを次々に取り外してしまう。まずこの所有権は労働の成果だけでなく、労働の条件そのものにまで拡張される。拾ったドングリ、狩で殺した野ウサギのような労働の成果だけではなく、穀物を耕す畑にまで所有権は拡張される。これが第一の拡張である。「人が耕し、植え、改良し、開墾し、その産物を使用しうるだけの土地は、その範囲だけにかぎって、彼の所有である」ことになる。

この拡張は重要である。ドングリは豊富にあって、拾い尽くすことはないかもしれない。共有できるものが豊富に残っているのである。ところが土地の囲い込みは、排他的なものである。他人はこの土地に立ち入ることができない。こうして労働についての「共有」という第一の歯止めが外れてしまう。ここで注意が必要なのは、この第一の歯止めの解消が、第二の歯止めの名において、正義の名において行われることである。

ロックは、自分の所有する果実や鹿肉が腐敗した場合には、それは自然法の違反になると主張していた。「彼は万人に共通な自然の法に違背したのであり、処罰されねばならないのであった。彼は隣人の持分を侵したのである」と主張するからである。ここでは第二の歯止めに違反することは、自然法の侵害であり、正義に反することとされている。

ところがこの自然法の正義の理論を土地の耕作に適用することで、第一の歯止めが外されるのである。というのは、この論理では、土地で栽培したものを腐らせた者は、自然法を侵害していると非難しうるからである。そしてこれを拡張して、土地の浪費という概念が導入される。

ロックは次のように計算する。イギリスでは一エーカーの畑で、二〇ブッシェルの小麦が収穫できるとしよう。この畑からは年間五ポンドの利益がえられるとしよう。もしもアメリカの先住民が所有している一エーカーの土地が改良されずに、粗放な農業を行っているだけだとしよう。するとこの畑からえられる産物の価値は五ペニーであり、イギリスの土地の産物の価値の一二〇〇分の一程度にすぎないだろう。これは土地を浪費しているのではないだろうか。

ロックは「神と人間の理性とは、地を征服することを人間に命ずる。すなわち労働をつぎ込むことを命ずる。この神の命令にしたがって、地のどの部分でも征服し、耕作し、種をまいたものは、これによって彼の所有であったある物、他人がなんらの権利を有せず、また彼から奪えば不正を犯すことになるものを、土地につけ加えたのである」と主張する。

ということは、放置されているアメリカの荒野に労働をつぎ込めば、その土地は彼の所有になり、「彼から奪えば不法になる」ということである。すなわち土地を改良せずに放置する者は、他者に土地を委ねて、改良させるべきだということになるだろう。これは植民地を征服するための格好の論理なのである。

†貨幣

第二の拡張は貨幣の導入によって行われる。それは必要以上のものを所有したいという人間の欲望によって生まれたものである。一人で食べることのできる鹿肉の量には限度があり、溜めておいても腐るから、人は鹿を無闇に狩ることはない。だから他人のための十分な鹿が残るだろう。このように一般的な財の場合には、共有の条件と享受の条件は満たされる。

ところが人は鹿だけでなく、牛も食べたいと思うし、いつの時期でも穀物が食べたいと思うものである。そこで貨幣が登場する。「消耗滅失しない長続きのする黄色い金属の一小片を、大きな肉の一片や穀物の一山に値するものと定めるようになった」のである。この貨幣の登場によって、自分の欲望を満たすために個人が自然法の正義の原則に適《かな》って所有することが認められるための二つの歯止めが外されるのである。

まず一週間で腐ってしまう桃を、腐らない貨幣に交換するならば、「人に害を及ぼすものではない。彼は共同の資源を浪費しなかった。自分の手の中で無駄に何ものも滅失しなかったのだから、他人に属するものの一部分といえども壊滅したことにならない」からである。これによって個人の共有の確保という条件と、個人の享受という両方の歯止めが解除される。そして彼は自分の生産できるかぎりのものを生産して、それを貨幣に交換し、「これらの永続性のあるものを、欲するだけ蓄積して構わなかった。自分の正当な所有権の限界を越えたかどうかは、その財産の大きさによるのではなく、何かが無用にそこで滅失したかどうかにあるから」である。このようにして労働の成果を享受するために定められていた歯止めが失われ、「不均等な私有財産を作りだす物の配分が、社会の限界の外で、またなんの協約もしないで、実行されるようになった」のだった。

†不平等な私有財産の承認

これは同時に、すでに考察してきた土地の改良のための囲い込みを正当化することである。個人が享受できるだけしか生産することが認められないのであれば、土地を改良して生産を増加しても無意味なことだろう。しかし貨幣が導入されて、生産物を貨幣に交換して欲するだけ蓄積できるという資本主義的な原理が容認されることによって、不均等な私有財産が認められ、しかもそれが社会的に正当化されることになる。「自分の労働によって土地を占有する者は、人類の共有財産を減少するのではなくかえって増加するのである」からである。

ロックの正義の議論は、自然法がいかにして擁護されるかという問いを中心としていた。そして自然法は、「何人も他人の生命、健康、自由または財産を傷つけるべきではない」かぎりで自己を保存することと定めていた。しかし貨幣の導入と資本主義的な生産の容認とともに、財産の不平等が発生し、間接的に他者の財産を傷つける行為が容認されることになる。貨幣は正義に反する性格をもつものでありながら、それが「人類の共有財産」を増加するという公共善の目的に適うものとして、正義に適ったものとして登場することになるのである。

†二重の不正

このように、貨幣が導入されたことによって、財産の不平等が発生し、貧富の格差が大きなものとなる。誰もが自分の採集したドングリだけでその日暮らしをしているかぎり、争いは発生しないだろう。社会状態は発生しているが、それは人々が「相互に親近感や友情をもち、ある程度はたがいに信頼の念をもっている」からである。そのような社会では、「人々の欲望は各人の小さい財産の狭い範囲に限定されていた。そういう単純で貧しい生活方法は平等であるため、ほとんど争いを引き起こさない。したがって違法や犯罪人がほとんどない」だろう。

このような社会では国家は不要なのである。しかし財産の不平等が大きくなるとともに、盗みが行われるようになり、「何らの権利もないのに、暴力を用いて、私を彼の権力のもとに置こうとする」行為が発生する。これは戦争状態である。社会状態は財産の格差の拡大とともに、戦争状態へと移行するのである。戦争状態は、すべての者の生存を維持するという「基本的な自然法」に反する状態であり、「言葉と行為とによって、感情的にそして性急にではなく、冷静かつ沈着に、他人の生命を狙うということを宣言する」ことによって生まれるのである。

このような状態になると、他者を裁くことができるのは、矯正的な正義を実行する当事者だけであるということになる。しかしこれでは「人々が自分自身の事件について裁判官となっても良い」ことになるのであり、これでは正義は守られない。これは戦争状態だけではなく、公正な第三者の裁き手がいない自然状態においても該当する問題であり、ロックはこれは自然状態における「大きな不都合」であると指摘する。

このように自然状態は、暴力が荒れ狂う戦争状態に陥るだけでなく、矯正的な正義が遂行される場であるとともに、当事者がみずからを裁くという正義に反する状態を招く。これは他者を害する暴力を容認するという意味で、基本的な自然法に反する不正な状態である。さらに侵害の処罰における不正を容認するという意味で、自然的な正義の原理に反する状態である。この二重の不正の状態を解消するために、人々は政府状態に移行することになる。

†政府状態の設立

　こうして人々は協約によって、自然状態を離脱し、政府を設立する。その目的は「人々の所有権の享受を確保し、かつ協同体に属さない者による侵害にたいして、より強い安全保障を確立し、人々に安全、安楽、かつ平和な生活をたがいに確保させることにある」。この契約を締結することで、人々は自然状態で享受していた自由を喪失することになるが、その代わりに自然状態では欠如していたものを獲得することになる。

　自然状態では第一に、「確立され、安定した、公開された法が欠けている」。この公開された法は、自然法に代わるものであり、「全部の者の同意によって、正義と不正の標準として認められ、彼らの間の一切の争いを裁決すべき一般的な尺度」とみなされるものである。この法によって、自然状態において当事者が裁くことから生まれる不正、すなわち「自分の利益から偏見をもって」裁くという不正が防がれるのである。

　第二に、自然状態では「一切の争いを確立した法に従って権威をもって判定すべき、公知の公平な裁判官が欠けている」。この裁判官も、当事者による裁きの不正を防ぐために必要な装置である。

　第三に、自然状態では、正しい判決を「適切に執行する権力が欠けている」。この正義を強制的に執行する権力が存在していないと、「不正によって罪を犯すような者は、もし力によってその不正を遂行することができる場合には、たいていその目的を達せずにはおかない」だろう。権力はこうした不正な状態を防ぐことができるのである。

このように政府状態では人々は自然状態で手にしていた自由と、矯正的な正義をみずから執行する権利を喪失する。しかしそれは財産と安全を保障するためである。そして彼だけではなく、この社会契約に参加するすべての人がみずから自由と正義の執行権を喪失するのであるから、「それはただ必要であるばかりでなく、正義に適う」とロックは主張する。

†国家の形態

ロックはこの政府状態はさまざまな形態をとりうることを認める。政府状態の核心は公開された法であるため、国家の形態はこの法を定める権力によって決定されることになる。社会契約の状態が締結された時点では、全員がすべての権力を所有しているが、もしも立法を「彼ら自身で任命した職員」に行わせる場合には、それは完全な民主政となる。「法を作る権力を少数の選ばれた人々およびその相続人または後継者の手に委ねたとすれば、それは寡頭政である」。一人の手に委ねたときには君主政になる。

プラトン以来の政治哲学では、これらの政府の堕落形態をあげるのがつねだった。しかしロックはこうした堕落形態は考慮していない。ただしこの社会契約の原理にしたがって、どうしても正しい政府形態とは呼べない形態について、鋭い批判を展開する。それが当時のイギリスを支配していた絶対君主政である。ロックのこの書物は、絶対君主政の批判の書物であり、名誉革命の正当性を擁護する書物でもある。

絶対君主は一人の人間にすぎないのに、「自分自身の事件にかんして裁判官となる自由をもつ。君主はすべての臣下に自分の欲することを何でもすることができる」。それなのに、すべてを「自分の意のままに執行するこの人間にたいして、問を発したり、これを監督したりするいささかの自由も、他の何人にも許さない」である。

そもそも社会契約の目的がすべての成員の自己保存にある以上は、「絶対的に恣意的な権力は、あるいは定まった恒常的な法なしに支配することは、すべての社会および政府の目的と両立しない」のである。さらにこの契約は財産の保護を目的とするのであるから、「臣民の財産をほしいままに処分したり、またはそのどの部分でも任意にとることができると考えたりするのは誤りである」。ところが「立法府が、常設の永続的な合議体であるか、あるいは絶対君主政におけるように一人の人からなっている政府にあっては、こういう危険がある」。絶対君主政のように「人民の同意をえないで、自分自身の権威によって人民に租税を賦課するという権力を要求する」ことは、政府の目的を破壊する不正な行為なのである。

これらの恣意的な立法、人民の財産と身体への侵害、恣意的な課税などは、当時のイギリスを悩ませていた絶対君主による恣意的な権力の行使の弊害であり、ロックはこうした行為が社会契約を締結した人民にたいする不正であることを強調する。

このような絶対君主の統治する政府は、社会契約に反する不正な体制であり、こうした政府は人民の信任に反したものとして、転覆する必要がある。政府が「絶対的な権力を自分の手に握ろうとしたり、または誰か他の者の手に与えようとしたりするならば、この信任違反によって、彼らは、人民がそれとはまったく正反対の目的のために彼らの手中に与えた権力を没収され、それは人民の手に戻るようになる」べきなのだ。

こうして人民は抵抗権を行使し、新たな自然状態に戻り、「本来の自由を回復し、自分たちの適当と思う新しい立法府を設置することによって、彼らが社会を作った目的である自分自身の安全と保障のそなえをするのである」。このように、この書物は革命の書物となる。契約に反する者は叛逆者であり、政府状態のうちに戦争状態を持ち込む者であり、「危険と不正」をもたらす者である。抵抗は「人類の最善の福祉に適う」ことなのである。この抵抗権の理論は、アメリカの独立戦争にうけつがれることになる。

ルソー『社会契約論』
——社会契約が正義を実現する

†野生人と正義

次の第三章で紹介する市民社会論の系譜につらなるヒュームとスミスは、市民社会のうちでの内生的な秩序の形成を重視して、社会契約論を激しく批判する。しかしジャン＝ジャック・ルソー（Jean-Jacques Rousseau, 1712–1778）は内生的な秩序のよさというものを信じない。市民社会はそのあるがままの形では不正なのである。社会契約こそが、市民社会に正義をもたらすとルソーは考える。

ルソーは、市民社会が不正義の秩序であることを示すために、思考実験として「野生人」という概念を提起する。野生人は自然状態のうちに生活する。ロックの自然状態では、人間はすでに社会を形成していたが、ルソーの自然状態ではホッブズの自然状態と同じように、人間たちは社会を形成していない。しかしホッブズの自然状態とは異なり、人々はたがいに狼であることはなく、孤立して平和に生きている。自然は豊かであり、食べ物と飲み水は簡単に手に入り、寝床は木陰にみつける。「野性人の欲望は、身体的な欲求を越えることがない」(『人間不平等起源論』、以下同)のである。

ルソーは、ホッブズが自然状態を戦争状態とみなしたことを批判し、これこそが平和状態だったのだと、次のように指摘する。「自然状態とは、わたしたちの自己保存の営みが、他者の自己保存の営みを害することがもっとも少ない状態であり、この状態こそが、ほんらいもっとも平和的で、人類にもっとも適した状態だったのだ」。

もちろん野生人には、ホッブズが戦争状態を引き起こす原因とみなした自己保存の欲望が存在する。しかしこれはたんなる自己保存の欲望としての「自己愛」であり、まだ他者と比較し、他者を妬むような「利己愛」とはなっていない。さらに野生人には、「自己保存の欲求を和らげるために、人間に与えられた原理」である「憐れみの情」が存在する。これは「自分の同胞が苦しんでいるのを目にすることに、生まれつき嫌悪を感じるということ」である。

この自己愛と憐れみの情という二つの原理のために、野生人は他者を害することがなく、孤独ではあるが、平和に暮らしているはずだと、ルソーは考える。この段階では野生人には正義という観念はない。「理性は〈汝の欲するところを他人になせ〉という崇高な正義の掟を教える」が、この憐れみの情は理性の正義の掟の代わりに、「自然の善良さの教えをすべての人の心に吹き込む」ことで、「法と習俗と美徳の代わりをする」のである。

要するに、自然状態にある野生人には、正義の観念は存在しないが、他者と争わず、他者を害することがないという意味では、素朴な正義が実現されていることになる。これは言わば正義の零度の状態なのである。野生人は「〈君のもの、わたしのもの〉という「所有権の」考え方をまったく知らず、正義についての真の観念ももっていなかった」のは事実であるが、野生人たちのあいだを支配していた平和の状態では、あえて正義の観念を提示することがなくても、正義は実現されていたのである。「この状態では人間はあらゆる軛《くびき》から自由であり、最も強い者の法も無力」だからである。

†社会状態と正義

ルソーはこの状態が人間にとってはもっとも平和な状態であったと考える。しかし人間の歴史のさまざまな状況から、人間はこの状態を離脱する。そして野生人にそなわっていた「自己改善能力と社会的な徳、そして自然人に潜在的にそなわっているさまざまな能力」が開花するきっかけが与えられた。それには歴史の偶然が働いた。やがて人々は素朴な技術を駆使するようになり、家族が構成され、家族のもとに財産が蓄積されるようになる。これは生活を安楽にするものだったが、いずれは人間にとっては枷《かせ》を作りだすものだった。

そして私有財産は、正義の観念をもたらすようになった。「私有財産が認められるようになると、正義の最初の規則が生まれる」。キケロは『義務について』において、正義を「各人のものを各人のものとして」と定義したが、ルソーは「各人が持つべきものを持たせるには、まず各人が何かを所有するという前提が必要である」ことを指摘する。このようにして「ある広さの土地に囲いを作って、これはわたしのものだと宣言することを思いつき、それを信じてしまうほど素朴な人々をみいだした最初の人こそ、市民社会を創設した人なのである」。この最初の人こそが、所有を守るために「正義と平和の規則」を定めることを提案し、人々のうちに正義の観念を持ち込んだのだ。

しかしこのように正義の観念が生まれたということは、自然状態において支配していた素朴な正義が破壊されることを意味した。この宣言を拒否することができ、所有権を認めなければ、正義の観念は生まれなかっただろうが、それによって「人類はどれほどの多くの犯罪、戦争、殺戮《さつりく》を免れることができただろう。どれほど多くの惨事と災厄を免れることができただろう」と言わざるをえないからである。正義の観念の誕生は、原初的な平等の破壊と不平等の確立、すなわち原初的な正義の破壊をもたらしたのである。そして「生まれつつある社会は、きわめて恐るべき戦争状態となった」のだった。

†正義の発達の三段階

この社会という名の戦争状態においては、正義の観念と法の施行が必要となる。ルソーは駆け足で、この社会における正義がどのように発展していったかを跡づけている。最初の段階は所有権が確立されて、「富める者と貧しき者の身分が定められ」た時期である。この時代は「富める者の正義」の時代と呼べるだろう。富める者が正義の名において、貧しき者たちから、自分の私有財産を保護するために法律を利用するのである。

第二の段階は「為政者の地位が定められた時期」である。この段階では「強い者と弱い者の身分が定められた」のであり、この時代は、「強者の正義の時代」と呼べるだろう。為政者は強者となって、弱いものを抑圧する権力を獲得し、そのために正義の観念を利用するのである。

第三の段階は、「合法的な権力が恣意的な権力に変貌した時期」であり、これは主人と奴隷の身分が定められた時期である。もはや法が正義ではなく、力が正義となり、権力者が専制君主のような存在となり、他の人々を奴隷の地位に落とす。これは「不平等の最終段階」であり、それ以前の段階はすべてこの段階に到達する。この段階では「最強者の法」だけが残り、それが正義の名を僭称して、人々を抑圧する。そのときはもはや「善のさまざまな観念も、正義のさまざまな原理もふたたび消滅してしまう」のである。これは新たな自然状態である。ここでは暴君を除く「すべての個人がふたたび平等になる」。戦争状態で生まれた正義は、この新たな自然状態では名ばかりのものとなり、消滅してしまうのである。

†革命の必要性

この新たな自然状態、「腐敗の極にある自然状態」はそのままでは維持できない。「力だけが専制君主を打倒するのである。こうしてすべてのことは自然の秩序にしたがって起こる」。革命によって、暴君の体制は打倒されねばならない。「人は自由なものとして生まれたのに、いたるところで鎖につながれている。自分が他人の主人であると思い込んでいる人も、じつはその人々よりもさらに奴隷なのである」(『社会契約論』、以下同)。主人のものとして独占された正義が、あらたに確立される必要がある。それが革命と、その後の新たな社会の建設のための社会契約の役割である。

社会契約はいかにして正義を作りだすか。それには前提と課題と契約のための条件が存在する。前提というのは、人間がもはや自然状態では生存できなくなっているということである。ルソーにとって、ほんらいの自然状態は離脱すべきものではない。人間の歴史的な経緯と自己完成能力のために、やむをえず社会状態に移行したにすぎないのである。だからここで人間が生存しつづけることができない自然状態とは、もはや維持することができない「腐敗の極にある自然状態」であると考えるべきだろう。人々は力をもって革命を起こし、暴君を倒し、あらたな社会状態を設立することを決意したのである。それが社会契約を締結するための前提である。「人間は生き方を変えなければ滅びることになる」のである。

†社会契約の課題

この契約の課題は、「どうすれば共同の力をもって、それぞれの成員の人格と財産を守り、保護できる結合の形式をみいだすことができるだろうか。この結合において、各人はすべての人々と結びつきながら、しかも自分にしか服従せず、それ以前と同じように自由でありつづけることができなければならない」という難問を解くことである。正義の原則と自由の原則が両立できる社会体を形成することが、社会契約の目的なのである。

この契約は、「われわれ各人は、われわれのすべての人格とすべての力を一般意志の最高の指導のもとに委ねる。われわれ全員が、それぞれの成員を、全体の不可分な一部としてうけとる」と表現される。そのための第一の条件は、各人がそれぞれの人格と力のすべてを譲渡するという、全面的な譲渡を行うことである。この譲渡は、「すべての人に同じ条件が適用されるのだから、誰も他人に自分よりも重い条件を課すことに関心をもたない」という意味では、正義の平等性の条件を満す。第二の条件は、「すべての成員は、みずから譲渡したのと同じ権利をうけとる」ことである。これによって、「各人のものを各人のものとして」という配分の正義の条件が満される。この譲渡によって、「各人は、自分が所有していたものを保存するために、「契約を締結する前よりも」大きな力を手に入れる」ことになる。これによって人格と財産の保護という正義の目的が満されるのである。

このように、社会契約を締結したことによって、「人間はそれまでは本能的な欲動によって行動していたのだが、これからは正義に基づいて行動することになり、人間の行動にそれまで欠けていた道徳性が与えられる」。これからは「義務の声」に耳を傾けながら、「権利に基づいて行動するようになる」のである。

†政治体の成立

さてこのような社会契約が締結されたとしよう。これはまだ政治体の設立のための前提にすぎない。「社会契約は政治体を創設し、結合するための最初の行為にすぎず、この政治体がみずからを保存するために何をなすべきかについては、まだ何も決めていない」のである。「次に必要なのは立法によって政治体に活動と意志を与えることである」。

法が必要なのは、人間には神の正義を遂行する力がないからである。人間には人間の正義だけが可能なのであり、それは「相互的なもの」でなければならず、そのためには法律として承認されなければならない。「権利と義務を結びつけ、正義にその目的を実現させるためには、規約と法律が必要になる」のである。

この法律の目的とするところは、正義の二つの目標、すなわち「自由と平等」が実現されることである。この二つの目標で何よりも重要なのは市民の自由であり、平等はその自由を確保するために必要とされる。ルソーは平等ということで、権力の平等と富の平等を考えている。ここで平等とは完全に同一であることを意味しない。権力の平等とは「一人の市民のもつ権力があまりに大きくなって」いかなる場合にも暴力にまで高まることがないこと」であり、富の平等とは、「いかなる市民も他の市民を買えるほどに富裕にならないこと、いかなる市民も身売りせざるをえないほどに貧しくならないこと」を意味する。

ルソーはこの法律は三つの法律と一つの「支え」で構成されると考える。まず、主権者である市民と国家の関係を規制するのが国家法である。これは具体的には「政府の形態を定める」法律である。第二は、「政治体の構成員の相互的な関係または構成員と全体の政治体の関係」を規制する法律であり、これが民法である。この民法では、「すべての市民は他のすべての市民への依存からは完全に独立し、公民国家にきわめて強く依存する」ようになることを目的とすべきである。これも正義の実現を目的とするのである。第三は、「人間と法の関係」を規制し、法に服従しない者を処罰するための刑法である。これらの法律の「支え」の役割をはたすのが「世論」であり、市民に社会契約を堅持させる精神的な支えとなるものである。ルソーは「この部分こそアーチの要《かなめ》」と強調する。法の文字だけでは、正義は実現できず、法の精神の部分が重要だからである。

†国家法と正義

民法の目的は、市民が他の市民に依存せず、政治体に依存するようにさせることであり、これは市民の平等と自由を確保することで正義を実現する。刑法は法律の侵害を正義の侵犯として処罰するものである。それでは政府を設立する国家法は、どのように正義とかかわるのだろうか。

それは政府の役割を考えることで明らかになるだろう。政府とは何か。それは「国民と主権者の間で意志を伝達するために設置された中間的な団体である。これは法律の執行と、社会的な自由と政治的な自由の確保を任務とするものである」。重要なのは、政府は主権者ではなく、主権者の「召使い」にすぎないということである。

伝統的な政治体制論では、主権者である統治者を構成する人数によって体制を分類する。一人が統治するのが君主制、少数者が統治するのが貴族制、多数者が統治するのが民主制である。しかしルソーにとっては、主権者は社会契約を締結した国民の全員であり、統治者はその「召使い」として、官吏として、「主権者から委任された権力を行使しているにすぎない」のである。君主制では君主がこの権力の行使を委任され、貴族制では貴族たちがこの権力の行使を委任されただけであり、主権者はつねに国民である。

問題なのは、統治者が複数の意志をもつことである。統治者はまず自分個人の利益を重視する個別意志をもつ。さらに統治者全体の利益、すなわち政府の利益を重視する部分的な一般意志、すなわち団体意志をもつ。最後に国民全体の利益を考慮する一般意志をもつ。ところが「政府の構成員の意識において優先されるのは、第一に自分自身であり、第二に行政官であり、最後に市民である。これは社会秩序が要請するものとはまったく逆の順序なのである」。

このことから、直接に好ましい体制と好ましくない体制が存在することが明らかになる。民主制においては、国民の全員が統治者となるのであり、これの三つの意識は同一になり、統治者は一般意志を所有していることになる。これは理想の政体である。「これほど完璧な政体は人間にはふさわしくない」と言わざるをえないほどである。

貴族制は少数の人間が統治するために、統治しやすい体制であるが、「政府という団体が、一般意志の規則にしたがって公共の力を働かせるよりも、みずからの利益のために働かせるようになりやすい」という欠点がある。

君主制では、権力が一人に集中するために活力があるが、君主の「目指す目的は公共の幸福ではないのである。だから統治の力そのものが、かえって国家を害するようにはたらく」のであり、好ましい体制ではない。

このように比較してみると、正義が実現されるのは民主制においてであることは明らかである。ただし契約の際にそれぞれの国民はその歴史と風土の違いによって、それぞれにふさわしい体制を選択するのであり、国民はその体制が容認できないと判断するまで、その体制を維持するしかないのである。

貴族制や君主制では、「政府はつねに主権に抗して働こうと努める」ものである。だから「いずれは統治者が主権者を抑圧して、社会契約を破棄するような事態が訪れるに違いない」のである。人間が必ず死ぬように、「政治体が誕生したときから、このような悪が内在するのは不可避なこと」である。このとき、人々は社会契約を破棄して、もとの自然状態に戻るしかない。そして戦争状態のうちで、新たな社会契約を締結する試みが行われることになるだろう。これはいわば政治体の自然のサイクルである。

†社会契約と正義

人々が不正な国家で抑圧されたままで生きることがないように、ルソーは社会契約を点検するための制度が必須であると考える。それが人民集会である。この集会は、予想外の出来事が起きたときには、臨時集会として開催されるべきであるが、それよりも重要なのは定期的に集会を開催することである。「いかなることがあっても延期したり、廃止したりすることのできない定例の集会を定期的に開催する必要がある」のである。

この定例の集会には、人民の全員が出席する必要があり、代表も代理も許されない。そして全員の投票によって、次の二つの議案を議決する必要がある。第一議案は「主権者は政府の現在の形態を維持したいと思うか」であり、第二議案は「人民は、いま行政を委託されている人々に、今後も委託したいと思うか」である。政府の形態と、統治者の選択をそのまま維持するかどうかをこの集会は決めるのであり、この二つについて「ノー」という決定がされた場合には、社会契約が破棄されたことを意味する。人民は自然状態に戻ることを決定したのである。

社会契約は正義を実現するためのものであり、もはや正義が実現されない社会契約は、社会契約としての意味を喪失したのである。そのときは革命と、新たな社会契約の締結が正義のために必要とされるのである。

カント『人倫の形而上学』
――永遠平和のうちで地球的な正義を

†社会の設立

カント（Immanuel Kant, 1724-1804）にとっては、人類の歴史は正義が実現されるための歴史である。また多くの社会契約論者とともにカントは、自然状態から社会状態への移行が好ましいものであると考える。ただし原初的な社会状態そのものは、人間にとって、のどかで楽園のような状態だったに違いないと考えているのである。

人間は社会的な生物である。そもそも社交性をそなえているのだ。しかしこの原始的な人間が集う社会は、粗野なものである。「人々は牧歌的な牧羊生活をすごして」（「世界市民という視点からみた普遍史の理念」、以下同）いて、「仲間のうちで完全な協調と満足と相互の愛のうちに暮らして」いただろう。しかしこの生活では「人間は自分たちが飼う羊のように善良であるだろうが、自分たちには飼っている羊と同じくらいの価値しかないと考えるようになっただろう」。そして理性を働かせて、人間のもつ素質をすべて発揮することはなかっただろう。

しかし人間はこの社交性に反する非社交的な特性がある。孤独になろうとし、社会に反抗しようとするのである。ルソーは自己愛と対立する利己愛を考え、利己愛から自尊心が生まれて、人間は素朴な生活を喪失したと考える。カントも同じように考えるのだが、その結果については正反対の評価をする。これこそが人間に牧歌的な生活を捨てさせ、人間のもつ素質を完全に開花させる原動力なのである。この特性は「人間にそなわるすべての力を覚醒させ、怠惰に陥ろうとする傾向を克服させ、名誉欲や支配欲や所有欲などにかられて、仲間のうちでひとかどの地位を獲得させるようにする」のである。これこそが文明の力である。このようにして「当初は情念に基づいた強制のもとで社会を形成していたとしても、やがては道徳に基づいて全体的な社会を構築するようになる」のである。

†正義の社会

ルソーと同じようにカントは、これが悪の起源でもあることを認めている。名誉欲や支配欲や所有欲にかられた人間が悪をなすのは当然であるから、この人間の発展は不正の起源でもある。しかしカントはこれは人間がさらに高次の正義を実現するために必須な条件だったと考える。「ここから多くの悪が生まれる一方で、これがさまざまな力を新たに刺激して、自然の素質がますます発展するようにしているのである」。これは人間が発展するための「創造主のすばらしい配置」だというのである。

ただし人間が自然の素質を完全に発展させるためには、人間の作りだす社会は、「普遍的な形で法を執行する社会」、すなわち正義の社会でなければならない。この社会は「市民たちに最大の自由が与えられる」社会である。これは「だれも抵抗することのできない権力のもとで、外的な法律に守られている自由が、できるかぎり最大限に実現されるような社会」、すなわち「まったく公正な市民的な体制」である。

†公民的な状態へ

カントはこのように歴史の理論においては、社交性と非社交性の弁証法的な関係のうちに正義の社会が設立され、外的な法律に守られている自由が実現すると考えた。それではこの正義の社会は、人間のこうした素質のもとで、具体的にはどのようにして設立されることになるのだろうか。

カントはホッブズと同じように、人間の自然状態は戦争状態であり、無法の状態であると考える。人間には外的な自由があるからだ。この状態では、各人は自己の占有するものを守ることができない。各人は自分が他人よりも力が強いと考えたときには、他人の所有を尊重しようとは考えないだろう。「他人たちの権利の優越を尊重しまいとする人間一般の傾向」があることは、「自分自身のうちに十分に知覚することができる」（『人倫の形而上学』、以下同）からだ。だから各人は自己の占有するものを守るという防衛的な目的で他者を攻撃するようになるだろう。こうした状態では、「たとえ人間たちが相互に攻撃しあっても、彼らは相互にまったく不法をなすものではない」のである。しかしこれは正義の状態ではない。自然状態にとどまろうとすることは、「極度の不法」をなすのである。

ただし、この戦争状態は潜在的なものであり、顕在化することはない。公民状態を樹立する以前から社会状態は存在しているのであり、そこでは戦争を内在的に含んだ平和の状態が支配していると想定されている。というのもこの状態で「いかなる取得も法的に認められえないものとすれば、公民状態そのものが不可能になる」からである。

こうして人々は国家を設立して、公民状態に入ろうとする。ホッブズやルソーはこれを社会状態と呼んだが、カントはロックと同じように、原初的な状態ではすでに人々は社会を設立していたと考えるので、公民状態と名づける。そのためには社会契約が必要であり、この社会契約の締結は、ルソーと同じ道をたどる。

人民は、自然状態から抜け出すために、「根源的契約」を締結する。この契約では、すべての人民が外的な自由を放棄するが、「それはある共同体の、すなわち国家としてみられた人民の（統合体の《ウニイウエルシ》）成員としてただちにそれを受領するため」である。この自由の放棄は、実質的なものではない。「野蛮な無法則的な自由を全面的に放棄することで、かれの自由一般を、ある法則的な依存のなかで、すなわちある法的な状態のなかで、減少することなしにふたたびみいだす」からである。これはルソーの社会契約とまったく同じである。

ルソーの場合と同じように、支配者は「自由の諸法則に照らしてみれば、統合された人民そのもの以外の何ものでもありえない」が、人々は元首として選ばれた命令者のもとに、臣民として服従するのである。元首は、「法律のもとにたち、この法律によって、したがってある他者、すなわち主権者によって義務を課される」のである。このようにして正義が実現される可能性が確立されたのである。

†法と正義

この経緯は、自由と法の概念そのものに含まれているとカントは考える。そもそも自由な人間は、自らの自由な選択意志にしたがって、自由に行動することを欲する。しかし他者もまたその自由な選択意志にしたがって、自由に行動しようとするだろう。それがたがいに対立しあわなければ、いかなる問題も発生しない。

しかしたとえば同じ土地を占有したいと願う場合には、たがいの自由な選択意志は、そのままでは遂行できない。そこで法が必要となる。法のもとでのみ、対立する選択意志が統合されうるのである。「ある人の選択意志が他人の選択意志と、自由のある普遍的な法則にしたがって統合されうるための条件の総体」、これが法の広義の定義である。

この対立する自由な選択意志を統合するために、法が利用する手段が「強制」である。ある人は自由の普遍的な法則にしたがって、みずからの望む行為を遂行しようとする。この行為を遂行しようとすることを妨害するのは、それが自由の普遍的な法則にしたがう行為を妨害するのであるから、自由の妨害であり、不法である。この妨害を阻止するために行われる強制は、「自由の妨害の阻止として、普遍的諸法則に照らしてみて自由と一致する、すなわち正しい」。だから法には、「法を毀損する者に強制を加える権能が」そなわっていることは自明である。これが狭義の厳密な法の定義である。言い換えると、「法の概念は、普遍的な相互的強制と各人の自由の結合の可能性」においてに直接に定められるということになる。この法の概念において、すでに諸個人の自由が統合されうる公民的な状態の設立の必要性が明確に含まれているのである。

さらにこの法の概念のもとで、正義の三つの法則が定められる。第一は、各人は正義の人であれということである。これは「汝を他人たちのたんなる手段とすることなく、彼らにとって同時に目的であれ」という人格的な価値の堅持の命令である。カントはこれを可能的正義の法則と呼ぶ。この法則は「どういう態度が内的に形式からみて正しいか」を問題とする。またこの正義は、自由な選択意志の実質である対象の占有の可能性という観点からは、「保護的な正義」と呼ばれる。

第二は、「何が実質として、さらに外的にも法的な権能を有するか」という観点からみたもので、これは「他者に不正をするな」という命令として表現される。この命令は現実的正義の法則と呼ばれる。この法則は他者と相互的にその自由意志を尊重せよという命令であるから、「交換的正義」あるいは「相互取得的な正義」とも呼ばれる。

第三は、正義が守られる社会、「各人のものを各人のものとして」という命令が守られる社会を設立することが命じられることである。「そこにおいてはあらゆる他人に対抗して、各人に各人のものが保証されてありうるような状態を結成せよ」という法則である。これは必然的な正義の法則、あるいは「分配的な正義の法則」と呼ばれる。これが分配的な正義と呼ばれるのは、各人が各人のものを保証されることを求めるからである。必然的な正義と呼ばれるのは、それが裁判所が「何が合法的であるか」という判決を下し、それが強制力をもつからである。このように正義の法則の観点からも、分配的な正義が保証されるような公民的な状態の設立が要請されているのである。

†国家における正義と革命

カントの想定する国家は、モンテスキューの考える三権分立の国家である。この三権は「立法者という人格における統治権（主権）、法律にしたがう行政者という人格における執行権、裁判官という人格における司法権」である。このうちで正義にかかわるのは、法律にしたがって各人のものを各人に裁定する裁判官である。統治者も行政者も、裁判官になることはできない。裁判官になるのは人民であり、人民は「自分たち自身を裁判する」のである。裁判は「公的な正義の（分配的な正義の）作用」なのである。

個別の分配的な正義はこれで守られるとしても、統治者である立法者や執行者である行政者が犯した不正から、人民はどのようにして守られるだろうか。社会契約が契約であるのなら、契約に違反した統治者は人民からの契約の解除によって、追放されるべきではないのだろうか。

この重要な問題について、カントはロックの抵抗権も、ルソーの人民集会による契約遵守の確認の権利も正面から否定する。たしかに統治者は、その機関である元首を追放することができる。「統治者はまた元首からその権力を剝奪し、元首を罷免《ひめん》し、あるいは元首の行政を改革することができる」。しかし人民の公民状態の樹立のための契約は根源的なものであるので、立法的な意志への服従の義務を疑問視することは許されないとカントは考える。ある臣民が「現に支配している権威に反抗するならば、かれはこの権威の諸法律にもとづいて、すなわちまったく正当に処罰され、抹殺され、あるいは法の保護の外におかれたものとして、追放されるであろう」。

だから「国家における統治者は、臣民にたいしてただ権利だけをもつ。そして何らの強制的な義務も負わない」のであり、元首が法律に反する行為をしても、「抗告することは許されるが、抵抗することは許されない」ことになる。最高権力は最高の権力であるから、みずからを制限する法律を定めることはできないのであり、この最高権力に反逆する行為は、「大逆罪」であり、死刑よりも軽い刑で処罰されることはありえないのである。

ただし皮肉なことに、革命が成功して、新しい国家が成立した後は、「その革命の開始および遂行が適法でないからといって、臣民たちは諸事物の新しい秩序に善良な臣民として従う義務を免れない」。これはカントにとっては論理的に自明なことである。

†国家体制論

カントは、国家の体制について、「力を握っている人格の数で区別する」(『永遠平和のために』以下同)のではなく、「元首の数を問わず、元首が民族をどのような統治方法で支配するか」によって区別した場合には、共和的であるか、専制的であるかのどちらかになると考える。「共和政体とは行政権(統治権)が立法権と分離されている国家原理であり、専制政体とは国家がみずから定めた法律を独断で執行する国家原理である」。

この共和的な体制には次の三つの条件が必要である。「第一は、各人が社会の成員として、自由であるという原理が守られること、第二は、社会のすべての成員が臣民として、唯一の共同の法に従属するという原則が守られること、第三は、社会のすべての成員が国家の市民として、平等であるという法則が守られること」である。

そのために政体の種類とは別に、すべての政体が共和政体に向かって進むことが望ましいのである。カントは革命は契約の原理からして容認できないと考えるものの、契約の精神からすれば、共和政体が望ましいのは明らかである。どのような体制であるかは、歴史的に定められたものであるが、「この根源的契約の精神」(『人倫の形而上学』)は、立憲的な権力にある義務を負わせていると考えるのである。第一の義務は、「政治の仕組みをかの根源的契約の理念に適合させること」である。そのためには社会契約を突然中止してやり直す革命ではなく、「政治の仕組みを徐々に、連続的に変更して、唯一の適法的な国家組織である純粋な共和制の国家組織に、その効果からみて一致するようにする」(同)ことが義務づけられるのである。

共和制こそが、自由を原理とする国家体制であり、これは「人民の名において、一切の国民の提携のもとに、彼らの選出議員たち(代議士たち)をつうじて、彼らの権力を処理するための人民の代議制」(同)である。この体制に到達することが、すべての政治体制の目的である。そこでこそ、国民は自由で平等になり、完全な正義が実現されることになるだろう。

†世界公民状態へ

このようにしてすべての国家は共和制に到達することが望ましいのであり、この共和制の諸国家で形成される連合こそが、永遠平和を実現するために出発点となるだろう。そもそも国家は自然状態では、個人と同じように「たがいに隣りあって存在するだけでも、ほかの民族に害を加える」(「永遠平和のために」、以下同)のである。だから個人が自然状態を脱して公民状態を確立したのが理性的な義務であったように、「どの民族もみずからの安全のために、個人が国家において市民的な体制を構築したのと同じような体制を構築し、そこでみずからの権利が守られるようにすることを、ほかの民族に要求できるのであり、要求すべきなのである」。

これによって国際法が確立され、平和連合が成立する。ほんらいならば「ついに地上のすべての民族を含むようになる国際国家を設立する」ことが望ましいだろう。しかしカントは現実的にはこれは不可能であり、「一つの世界共和国という積極的な理念」は実現せず、国家連合にとどまるだろう考える。それでもこの連合のもとで「歓待の権利」が認められるならば、「世界の遠く離れた大陸がたがいに平和な関係を結び、やがてはこの関係が公的で法的なものとなり、人類がいずれはますます世界公民的な体制に近づくことが期待できる」とカントは語る。

というのも、世界の国家の交渉が頻繁になるに応じて、「地球の一つの場所で法・権利の侵害が起こると、それはすべての場所で感じられるようになった」からである。世界の正義を守るための世界公民法という概念は、「空想的なものでも誇張されたものでもなく、人類の公的な法についても、永遠平和についても、国内法と国際法における書かれざる法典を補うものとして必然的なものなのである」。この世界公民法のもとでのみ、地球的な正義の確立と永遠平和がいつか実現されることが期待されるとカントは考えるのである。

第三章

市民社会論

前の章で考察してきたように、ホッブズからカントにいたる社会契約説の論者たちは、いずれも何らかの形で自然権と自然法の概念を土台としており、この自然権に基づいて契約が締結されると論じていたのだった。ところがヒュームは市民社会の概念によって社会契約説を厳しく批判し、自然権に基づいた正義の概念を否定するというきわめて斬新な理論を展開した。

スコットランド啓蒙と呼ばれる哲学的な流派に属するヒュームとスミスは、社会そのものの善さと社会における個人の徳という観点から、社会契約と自然権の理論を批判する営みを開始したのである。そしてこの個人の徳は、社会全体の功利を目指すものであり、ベンサムとミルの功利主義は、この伝統をうけついだものだった。

ヒューム『人性論』

――人間はその本性からして社会を作り、正義を実現する

†社会の形成と効用

ディヴィッド・ヒューム(David Hume, 1711-1776)は社会における個人の徳という観点から正義を考える。社会契約の系譜の哲学者たちは、カントのように悪人でもたがいに正義を尊重できるような社会の仕組みを考えるが、ヒュームやスミスの市民社会論の系譜の哲学者たちは、市民社会の仕組みのうちに、人々を善き者とするメカニズムがそなわっていると考える。社会そのものが、人間に正義の価値を教えるのである。

たとえばヒュームの正義の理論では、人間は利己心をもちながらも、社会のうちで生きることによって、自然と「公正なひと」となっていくと考える。まずヒュームは、社会がどのようにして生まれたかを調べる。人間が他の動物と異なる人間となった段階から、す

でに社会の形成の萌芽が存在していたとヒュームは考える。人間は潜在的に社会的な動物なのである。

それぞれの動物に固有の長所を与えるようにゼウスに命じられたエピメテウスの寓話が語るように、人間以外の動物には生存するための本能と手段が授けられている。ライオンは「貪食な肉食動物」であってその必要とするものは大であるが、体格や気性、武器や力などによってその手段は与えられている。羊や牛にはこうした利点はないが、食物である草はたやすく手に入る。人間だけが必要と手段のバランスを欠いているのであり、「人間は、数えきれない要求や必要を自然から負わされていながら、こうした必要を満たすために与えられている手段は、きわめて貧弱なのである」。

だからこそ人間は最初から社会を形成せざるをえない。「社会によって人間のあらゆる弱点は補償される」からである。社会の原初的な段階は夫婦である。「両性間の自然的な情愛」が社会の基礎であり、家族のうちにおいて、人間が社会的な存在となるべく、教育と訓練が行われるのである。

社会は、個人のもつ欠点を是正することができる。第一に個人の「人間の力は小さすぎて、何らかの著しい仕事を遂行するにたりない」が、社会は人々の力を集めて、増大させることができる。第二に個人の労働では必要のすべてを満すことができず、個人の技術は完璧なものとならない。これにたいして社会では「分業によって、われわれの能力は増す」のである。第三に個人の力はそれを用いた成果がバランスをとることは難しく、破滅と不幸は避けがたい。これにたいして社会では「相互援護によって、われわれが運命や偶然に曝《さら》されることは少なくなる」。

†人間の反社会的な要素

しかし人間のうちには、反社会的な要素も存在しているため、人間はこのような社会の利点をそのままでは活用できない。この反社会的な要素は、人間のうちにある利己心である。これは「人間に必須な社会的な結合にとって、きわめて不利な点」なのである。「各人は、自分以外のいかなる人物よりも、さらに自分自身を愛する。また他人を愛する際には、自分に関係のある者や知己にもっとも大きな情愛を抱く」のであり、これは否定できないことだ。

しかし人間はエゴイズムの塊ではなく、他者にたいする自然な情愛もそなえている。その人の他者への情愛を合計してみれば、「利己的な情念の全部を超越しない」ような人は稀なのである。しかしこうした情愛も結局のところは利己的なものであり、社会全体の利益には反する。この利己心と、情愛の範囲の狭さは、尖鋭的なものとなると、社会を解体しかねない。言い換えれば、人間はその利己心のありかたからも、情愛のありかたからも、自己に甘く、他者に厳しい存在であり、根源的に不正な生き物だということである。人間の自然なありかたでは、正義は実現できない。

それでは正義はどのようにして可能になるか。それは人為によってであるとヒュームは指摘する。ただしホッブズのように、社会の外部に正義を実現する権力を樹立することによってではない。社会のうちに生きることによって、人間は正義を実現することが、利己的な個人にとっても有利であることを教えられるのである。

†三つの財産

というのも、人間には三つの財産がある。「心の内的な満足、肉体の外的秀逸、勤勉ならびに幸運によって獲得した財物の享受」である。このうち、心の内的な満足は他者から奪われることはない。第二の肉体の外的秀逸は、他者によって損ねられることはあるが、それによって他者が肉体的な秀逸を獲得することはない。妬みという心の満足をえることができるだけである。しかし財産は、移転可能なものであり、他者は財産を奪えば、これを自分の財産として活用することができる。しかも多くの財産は、空気や水のように豊富に存在していて人々が共有できるものではなく、稀少であり、「すべての人の欲望と必要を補うに十分でない」のである。そのため「これら物質的な財産の増進は社会の主要な利益であるが、同時にまた、それを所持する上での不安定とその稀少さは、主要な障害なのである」。

それでは他者が自分の財産を奪うことをやめさせるには、どうすべきだろうか。ホッブズに始まる社会契約説の論者は、それを防ぐために法律を定め、その法律を施行するための強制力をもつ政府を設立し、それによって正義を守らせる。しかしヒュームはそのような外的で暴力的な装置なしで、正義を導入しようとする。

†正義の実現

さて正義は外的な権力によらずにどのようにして実現されるか。ヒュームは社会のうちに生きる人々は、社会がもたらす大きな利益を実感していると考える。そして家庭などで、社会的な人間になるための教育も行われていると指摘する。その上で、この社会の与える利益を確保し、暴力によって他者の財産を奪うことをやめさせるため、人々はある「黙契」を結ぶようになると考えるのである。

これは契約のようなものではなく、「共通利害の一般的な感情」である。ボートをこぐ二人の人は、「オールでこぐとき約定を取り交わすことは決してしないが、合意ないし黙契によってオールをこぐ」のである。それと同じように社会のうちに生きる人々は、他人の所有を認め、これを奪わないこと、「各人が幸運と勤勉とによって獲得できたものを平和に享受させておく」ことが、結局は自分のためにもなることを学ぶようになるのである。この黙契を守ることが正義であり、これに反することが不正義であるという観念が生まれるとヒュームは考える。

社会契約の正義の理論では、契約によって所有権を保護する法律が定められ、その法律を遵守させ、侵害を処罰する政府が樹立される。しかしヒュームの理論では、所有権そのものが正義の産物であり、「正義の起源を解明し終えないうちに所有とか権利とか責務という言葉を使用し、あるいは正義の起源の解明にそれらの言葉をもちいる者は、はなはだ大きな誤謬を犯す者」だということになる。これは社会契約の理論の大きな逆転である。社会における所有関係は、「自然な関係ではなく、道徳的な関係であり、正義を根底とする」のである。

†正義の起源

ヒュームのこの理論では、正義は人々の経験から自然と生まれるものであるが、人間の本性からは決して生まれることはない。人間は利己的な存在であり、正義を守るべきだと考えたりはしないのである。正義は人為的に生まれる。しかしこの人為は外部の力を借りることを意味しない。人々は社会のうちで暮らすうちに自然と正義を学ぶのである。

社会を形成して生きること、そして他者の所有を侵さないことが、社会全体にとっても、社会を構成する個人にとっても、「無限に有利であること、この点を十分に観察する経験を人々がもってしまえば、久しからずして所有と正義とは生まれるのである」。これは「判断ないし知性のうちに自然に準備されている」ものであり、その意味では人為でありながら、自然に生まれるものである。人間の本性は利己心にあり、これは正義を守るものではない。しかし人間の利己心が、人間に正義を守ることの利益を教えるのであり、その意味では人間の本性は正義を実現するようになっているのである。「自利は正義を樹立する根源的な動機である」ということになる。

†情念論

すでに述べたようにヒュームは、所有関係は正義を根底とするものであるが、同時に道徳的な関係でもあることを指摘していた。それでは正義と道徳はどのような関係にあるのだろうか。正義と道徳を結ぶのが、人間の情念の働きである。ヒュームは人間を支配するのは理性ではなく、情念であると考えている。「理性は情念の奴隷であり、しかも奴隷であるべき」なのである。

人間の情念は、その発生方法に基づくと、直接的な情念と間接的な情念に分類される。直接的な情念とは、「善悪、快苦から直ちに起こるもの」である。これには「欲望、嫌悪、悲哀、喜悦、希望、絶望、安堵《あんど》」などがある。間接的な情念とは、「同じ原理からではあるが、他の性質と結びついて初めて生じるもの」であり、これには「自負、自卑、野心、自誇、愛情、憎悪、嫉妬、憐憫《れんびん》、邪意、寛仁ならびにそれらに依存する情念」が含まれる。

ヒュームはスピノザと同じように、人間にとって快楽を与えるものを善、苦痛を与えるものを悪と定義する。人間は善を欲望し、悪を嫌悪する情念を感じる。「欲望は単純に考えられた善であり、嫌悪は単純に考えられた悪である」。そして善をもたらすことが確実であるか、その可能性が高いものは、喜びをもたらし、悪をもたらすことが確実であるか、その可能性が高いものは、悲哀をもたらす。善悪の可能性がそれほど大きくない場合には、希望と絶望がもたらされる。

ヒュームの正義論にとって重要な意味をもつのは、間接情念である。直接情念は、主体に直接にかかわる善悪だけを問題とする。ところが間接情念は、ある対象に関して主体において生まれる情念なのである。その対象が自我であるときには、自負と自卑が生まれる。自分の自我を評価して秀でているかどうかに応じて、「自負によって昂然となり、自卑とともに意気消沈する」のである。

これにたいして、情念の対象が他者である場合には、愛情と憎悪が生まれる。「愛情および憎悪の対象は、われわれが思想、行動、感情などを意識しないある他の人物である」。そして何らかの形で自分に快楽という善をもたらす人物にたいして愛情を感じ、苦痛という悪をもたらす人物にたいして憎悪を感じるのである。

ここで注目したいのは、ヒュームはすべての情念について、「激しい情念」と「穏やかな情念」を区別していることである。「愛情、憎悪、嫉妬、憐憫」などは、激しい情念に分類される。これらは主体の心を激しく動かし、行動に誘う情念である。ところが一方には、「真の情念でありながら、心にほとんど情感を生むことがなく、直接の感じまたは感覚的な気持ちによって知られるより、結果によって知られることが多い」情念がある。これは「精神にほとんど紊乱《びんらん》を引き起こさない」ものである。

†穏やかな情念

ヒュームはこうした穏やかな情念の実例として、人間に本能的にそなわる情念と、善への原初的な好みをあげている。「一つは仁愛と怨恨や生活愛や子供たちへの親愛のように、人性へ原生的に植えつけられた一定の本能であり、二つには、たんにそれ自身に考えられた善への一般的な嗜好ならびに悪にたいする同様な嫌悪である」。これらは主体にとって直接にかかわるものであるから、穏やかな直接情念に分類できるだろう。

これにたいして穏やかな間接情念というべきものがある。それが道徳感である。誰もが他人の行動や考えを目の前にして、それに快楽を感じるときと、不快を感じるときがある。しかも自分に直接に影響することがない行動や思想にも、このような快苦を感じるのである。たとえば「高貴で寛仁な行動ほど、うるわしく美しい見物はないし、残忍で背信な行動ほど、嫌悪の情を与えるものはない」のである。ヒュームは人間にとって最大の罰は、このような嫌悪の情と道徳的な軽蔑の念を引き起こすものとともに暮らすように強いられることだと語るほどである。

†道徳と正義

自分に直接に関係のない行動が、人にこれほどの嫌悪の気持ちをもたらすのはどうしてだろうか。それは高貴な行動は、社会の目的に適うからであり、残忍な行動は社会の目的に反するからだとヒュームは考える。徳の高さは社会にとって有益であるから正義であり、徳の低さは社会にとって有害だから不正義なのである。「不正義がわれわれより非常に遠くて、われわれの利害に少しも響かないときすら、不正義はやはりわれわれを不愉快にする。なぜなら、われわれは不正義をもって人間社会に有害で、これを犯す人物に近づくすべての者に害があると考えるからである」。

この道徳感は、自己の利害に直接にかかわらないときにも、社会のすべての人々が「共感」によって感じるものである。社会のうちでその恩恵を享受している者は、誰もがこの共感によって、道徳感をいだき、正義の侵害に憤慨し、不正義を憎むのである。「このような利害や快感は、われわれ自身の利害や快感に比較すると、われわれの心に触れるところが淡い。とはいえ、われわれ自身の利害や快感よりも恒常的でかつ普遍的である」のである。このようにして道徳的な判断は、社会への効用という観点から普遍的なものとされた。それは、そこに共感が働くからである。「不正義を犯す人物に近づく者の不快を、共感によって享受する」のである。だから「公共的利害への共感は、正義の徳に伴うところの道徳的な源泉なのである」ということになる。この共感の働きによって、正義は道徳を生みだすことになる。

このようにヒュームにとっては、人々は自然に社会を形成しながら、理性よりも感情と共感によって正義を実現するのであり、そのためにとくに社会契約のようなものを締結する必要はないのである。

アダム・スミス『道徳感情論』
――人間には正義を望む道徳的な感情がある

†共感の概念

ヒュームにとって正義は、社会の全体の効用を目的とするものであった。この正義が維持されるかどうかに応じて、道徳的な感情が生まれるのであって、人間が正義を内的な倫理として抱いているわけではなかった。これにたいしてヒュームの親しい友人であったアダム・スミス（Adam Smith, 1723-1790）は、このヒュームの正義論を批判することを大きな目的として、『道徳感情論』を執筆したのだった。

というのもヒュームにとって正義の感情は、人間に自然に生まれるものではなく、共感によって道徳的な感情を伴うことによって生まれるものだった。正義を求める心は人間に内的なものではなく、社会への効用と結びついたものとされたのはそのためである。ヒュームの正義の理論では、自己愛に動かされる個人の情念と、黙契によって生まれる社会の正義とが、原理としてうまく適合しないところがある。

これにたいしてスミスはこの二つの正義をうまく組み合わせようとして、ヒュームが正義と道徳性をつなぐ絆として提示した「共感」の概念を詳細に点検し、さらに展開した。共感は、人間に普遍的な感情である。どんな悪人でも共感することができるのであり、「最大の悪人、社会の諸法のもっとも無情な侵犯者でさえも、まったくそれをもたないことはない」ほどである。

とくに人々を動かすのは、快適さよりも不快さ、歓喜よりも悲哀の感情である。非道に悩む人々の苦しみは、強い共感をもって伝えられるのであり、歓喜に共感しなくてもそれほど責められないとしても、悲哀に共感しない場合には、強く責められることになる。正義感は社会のうちで生きる人々の胸のうちに植えつけられているのである。

というのも、社会は慈愛なしでも存立することができるが、正義なしでは存立できないからである。慈愛は「建物を美しくする装飾であって、建物をささえる土台ではなく、したがってそれは、住めれば十分であり、けっして押しつける必要はない」ものである。これにたいして正義は「大建築の全体を支える柱である。もしそれが除去されるならば、人間社会の偉大で巨大な組織は、一瞬にして崩壊して諸原子になるにちがいない」ような重要な意味をもつものである。

†正義を守る法

この正義は次の三つの法で守られる。第一はわれわれの隣人の生命身体を守る法であり、第二は彼の所有権と所有物を守る法であり、第三は「彼の個人権と呼ばれるもの、すなわち他の人々との約束によって彼に帰属するものを守る法」である。スミスはこれらを「もっとも神聖な正義の諸法」と呼ぶ。

国家の統治組織は、これらの法が遵守されるように監視するが、それはこれらの法が国家の成立以前から、それぞれの個人に生得的に認められている権利を擁護するからである。スミスは「同等の人々のあいだでは、各個人は生まれながらに、そして国内統治の設立に先立って、さまざまな侵害から自己を防衛する権利があり、また侵害が加えられた場合には、それにある程度の処罰を要求する権利があるものとみなされている」と語っている。

この自然法のように、人間に生まれながらにそなわる権利は、人間に生得のものとして認められている。そして正義を守ることを望む道徳的な感情が、人々にうまれつきそなわっているとスミスは考える。「自然は人間の胸のなかに、人類の結合の偉大な保証として、それらを侵犯した場合には処罰にあたいするという意識と、それにふさわしい処罰が与えられることへの恐怖を植えつけて」おいたというのである。自然がこのような工夫をしておかなければ、人間は自愛的な存在であるために、共感という貴重な能力がそなわっているにもかかわらず、遠く離れた人々の悲惨には、「自分の小さな不便にくらべてさえ、きわめてわずかな重要性しかもたない」はずだったのである。

†中立な観察者

スミスの正義の理論はこのように自然法的な背景のもとにあるだけでなく、それを内的に保証する装置をそなえている。それが「中立の観察者」という鏡である。スミスは人間が社会的な存在である以前には、自分についていかなる判断を下す手段もなかったと考えている。自己について反省することはできなかったのである。孤独な者として、自然の状態では、「かれ自身の性格について、かれ自身の諸感情と行動の適宜性または欠陥について、かれ自身の精神の美醜について、考えることができない」のだった。

しかし社会のうちで他者と交わることで、人間はみずからを眺める「鏡」を手にする。これによって、人間は「自分たちを、他の人々をみるのと同じ目で、見つめる」ことを学ぶ。この鏡によって、「われわれは、自分たちがわれわれ自身の性格と行動の、行為者ではなく、観察者であると想像しなければならず、これらの性格と行動が、その新しい立場からみられた場合に、どのようにわれわれに作用するだろうかを、考察しなければならない」のである。

この「中立的な観察者」あるいは「公正な裁判官」のまなざしこそが、正義を実現する装置である。このまなざしによって自己を裁き、評価することが、「公平さと中立性の最大の行使」なのである。この観察者のまなざしは、人間が社会のうちで生活できるようになるための偉大な仕組みである。それは人々のあいだに共感を作りだすからだ。

†「内部の人」

この中立的なまなざしが、「われわれが、いくらかでも他人の目をもって、われわれ自身の行動の適宜性を熟視することができる唯一の鏡である」。これが良心と同じ性格の審級であることは明らかだろう。スミスはこれを「検査官であり裁判官である」自己と呼び、さらに心の内側から語りかける「内部の人」とも呼ぶ。「内部の人が、われわれを非難するならば、人類のもっとも高い歓呼も、無知と愚かさによる騒音としか聞こえない。われわれがこの中立的な裁判官の性格を身につければつねに、われわれ自身の行為を、かれのもつ不機嫌と不満足をもってみることを避けられない」のである。

すでに指摘されたように、人間は自愛によって動かされる。この人間の自愛の強さをスミスは、小指を失う苦痛で譬える。「もし、彼が明日、自分の小指を失うことになっていたとすれば、今夜かれは眠らないだろう。しかし彼の一億の兄弟が破滅するとしても、決して彼らを目にしないとすれば、彼はもっとも深い安心をもっていびきをかくだろう」。スミスは、この自愛の心を抑えることができるものは法的な強制力ではなく、内的なまなざしだと考える。「理性、原理、良心、心の中の住人、内部の人、われわれの行為の偉大な裁判官にして裁決者である」ものだけが、正義の実現を促すのである。

この中立的な観察者の力は、人々を社会化し、普遍的で一般的な規則を構築するようになる。この内部の人は、たんに孤独な良心であるだけでなく、自己を他者のまなざしでみることを学ばせる力があるのである。この一般的な規則とは、「われわれを、嫌悪すべきもの、軽蔑すべきもの、処罰すべきものとするような行為、われわれが最大の恐怖と嫌悪を抱くすべての感情の対象とする傾向のある行為はすべて避けねばならない」というものである。他者からみて、嫌悪すべき行為を避けることを教えるわけだ。

これは反対に他者から是認される行為は、「自分たちのまわりのあらゆる人が、それらの行為について、同じく好意的な意見を表明するのを聞き、あらゆる人が熱心に、それらに名誉と報償を与えようとする」ことを経験することで、この規則はしっかりと根づくのである。

これによって、スミスが「もっとも粗い粘土」と表現するごく普通の人々も、「かれの生涯の全体にわたって、なにかとりたてて言うだけの非難を避けながら、一般的な規則への顧慮を、訓練、教育、実例によって刻印されないということは、めったにない」ということになる。

すなわち人間はとくべつな徳性をそなえていないときでも、社会を形成し、これらの一般的な規則を遵守するように作られていると考えるのである。人間の「内面にある、これらの神の代理人」は、こうした一般的な規則を侵害したときには「内面的な恥辱感と自己非難の責め苦によって処罰」するし、「従順にたいしてはつねに、心の平静、満足、自己充足をもって報償する」からである。自然の本性も人間の本性も「同一の偉大な目的、すなわち世界の秩序と人間本性の完成および幸福とを促進するように、もくろまれている」のである。

もしも人が心のうちでだけでも、こうした正義の規則に侵害し始めたならば、それは悪を意味する。「かれ自身の心のなかにおいても、このような言い抜けをやりはじめた瞬間に悪漢となる」のである。「正義の諸規則は最高度に正確であり、諸規則自体と同じように正確に決めることができるものを除いて、いかなる例外も、調整も許さない」ものだからだ。

†見えざる手

ただしスミスは、この他者のまなざしは、たんに良心としての審級によって、人々に正義を守らせるだけではなく、公的な善を実現するための不思議な力も発揮すると考える。良心としてのまなざしは、社会の維持のためには不可欠なものであるが、すべての人にそなわるものではないし、人は正義の規則に反する悪しき心をもった「悪漢」となることもある。そしてこの良心としてのまなざしは規制するだけであって、社会を発展させる力をもたない。

ところが他者のまなざしは、社会のうちで生きる人々に自己をみつめることを習慣とさせる。人々は自己愛を満足させるために、虚栄心を満すために努力することで、結果として社会に貢献するのである。このまなざしは人々の欲望を刺激し、拡大することで、知らず知らずのうちに社会に貢献させるのである。

貧乏な青年がいるとしよう。この青年は豊かな生活がしたい、高い地位をえたいと願って、必死に働くだろう。そして生涯にわたって、この欲望の充足を諦めていたならば獲得できたはずの「かれの力のおよぶ範囲にある真実の平静を犠牲にして」、自分がとうてい実現できないかもしれない豊かな生活を目指して、苦闘する。そして死の直前になって、望んでいた「富と地位がとるにたりない効用をもつ愛玩物にすぎず、肉体の安楽と精神の平静を確保するためには」まったく適していないことを認識するようになるだろう。

それでは彼はどうしてこれほどに空しい努力をしたのだろうか。それは「当事者の感情よりも、観察者の感情に多くの考慮をはらうからだ。当事者の境遇が自分にどう見えるかよりも、他の人々にどう見えるかを考慮するからだ」とスミスは語る。これは幻想にすぎないものかもしれない。しかしスミスはそこに自然の「欺瞞《ぎまん》」の力が働くと考える。そのために「富と地位の快楽は、なにか偉大で美しく高貴なもの」と見えるのであり、それに多大な労働を捧げる価値のあるものと見えるのである。

また豊かになった人々は、他者のまなざしによってみずからを眺めることで、さまざまな贅沢品を手に入れたいという欲望に駆られる。そして貧乏人のあいだに自分の財産を分配するようになる。これもまた他者のまなざしの魔法であろう。「豊かな人々は、自分の奢侈《しゃし》と気紛れから」多額の支出を行って、貧しい人々の生活を支える」のであり、人々がそれをこうした豊かな人々の「人間愛や正義心に期待しても、無駄だったろう」。人間の社会を発展させ、「すべての科学と技術を発明させ、改良させた」のは、この欺瞞の力なのである。この自然の欺瞞は「見えない手」として働いて、社会のうちで「生活必需品の分配をおこなうのであり、こうして、それを意図することなく、それを知ることなしに、社会の利益をおしすすめ、種の増殖にたいする手段を提供する」のである。

『国富論』では、さらに分業という観点が明確にされ、すべての人が自己愛の原理に基づいて、社会に必需品を供給することが指摘される。「われわれが食事できるのは、肉屋や酒屋やパン屋の主人が博愛心を発揮するからではなく、自分の利益を追求するからである。人は相手の善意に訴えるのではなく、自己愛に訴えるのであり、自分が何を必要としているのかではなく、相手にとって何が利益になるのかを説明するのだ」(『国富論』)。公共善を目指した活動よりも、自己愛による自己の利益を追求した活動のほうが、社会の全体の利益となることが多いのである。こうした活動は、「見えざる手に導かれて、自分がまったく意図していなかった目的を達成する動きを促進することになる。そして、この目的を各人がまったく意図していないのは、社会にとって悪いこととはかぎらない。自己の利益を追求するほうが、実際にそのように意図しているときよりも効率的に、社会の利益を高められることが多いからだ」(同)。

このようにスミスにとっては正義の原理とは、他者のまなざしを心のうちに確立することを意味にしていた。他者のまなざしは良心となり、正義のための自己犠牲を可能にする。

「たがいに対立する利害を、われわれが他の人々の目をもってみる場合にかぎって、われわれ自身にかかわる事柄を、比較すれば何のためらいもなく放棄すべきほどに、軽蔑すべきものとして見ることができる」（『道徳感情論』）というのである。

†経済学と正義

このスミスの正義論は、スミスによって学問として確立された経済学と深く結びついている。すでに述べたように、自己愛は意図せずに社会の利益を高めることができるのであった。その背後にあるのが、人間とは、労働し、その産物を交換する動物であるという考え方である。スミスによるとすべての文明は、この労働と交易によって発展したものである。

まずスミスは、人間とは交易する動物であることを明確にする。「ある人が他人と交易する」（『法学講義』、以下同）のは、「人間本性の直接の性向」である。そして交易するためには、自分の労働によって余剰を生産する必要がある。「自分の労働の余剰を、他人の労働の余剰と交易し、交換しよう」とするのは、人間の本性だと考えるのである。それは「すべての人間に共通していて、他の動物には知られていない」特性である。動物は、さまざまな才能をもっているが、「それらをいわば共同の蓄《たくわ》えとして、かれらの生産物を交換することはできないのであり、したがって、かれらのさまざまな才能は、かれらにとって何の役にも立たない」のである。

さらに動物の才能は種ごとには多様でも、個々の動物のあいだには、大きな違いがない。これにたいして人間にはさまざまな天分の違いがある。学問をするのが向いている人も、職人として働くのが性にあっている人も、農民として才能を発揮する人もいる。そして自分の天分に専念することで、生産性が向上する。また一つの職業においても、ピンの生産のように、労働をさらに細分化して分業することで、生産性をさらに向上させることができる。このように「一国の富裕を増大させるのは、分業である」。

文明国では分業が進んでいて、それが富をもたらす。「未開国民においては、各人は自分の労働の果実のすべてを享受しているが、それでもかれらの窮乏は、ほかのどこよりもはなはだしい」。分業こそが文明の基礎なのである。

このような労働の産物を交換することは、人間の本性であり、しかも自己愛に基づいて行われる。すでにパン屋と肉屋の例で語られたように、博愛心に訴えかけるのではなく、自己愛に訴えかけることで、たがいに労働の産物を交換し、文明の豊かさを享受することができるのである。

ところが文明国においても、すべての人がこの労働と交易のもたらす富裕を享受しているわけではない。それは政府の統治に問題があるからである。たとえば「市場価格を自然価格以上にあげる傾向のある生活行政は、すべて公共の富裕を減少させる傾向がある」のである。具体的にはスミスはこのような行政として、税金、独占、同業組合の排他的な特権をあげる。

税金はたしかに統治の費用をまかなうために必要とされている。しかし税金はしばしば不当であるだけでなく、怠惰を養うものでもある。国を富まそうとするならば、「もし何かほかの方法で統治の費用をまかなうことができるのであれば、輸出入税、通関税、消費税はすべて廃止されるべきであり、自由な商業と自由な交換が、すべての国民のあいだに、すべてのものについて許されるべき」なのである。

独占は、「公共の富裕を破壊する。独占された品物の価格は、その労働を奨励するのに十分である以上に引き上げられる」からである。たとえば土地が独占されて「有力者のあいだで大きく分割されると、それは奴隷たちによって耕作される」ようになるが、この耕作方法は非常に効率が悪い。労働者たちが「勤労のはげみをもたない」からである。「自由人によれば、もっと少ない費用で耕作された」はずなのである。

さらに同業組合が排他的な特権を所有することも、同じ効果を発揮する。パン屋組合や肉屋組合が特権を認められているならば、市場に参入する自由が制限され、「かれらの肉は良くても悪くても、売れるに違いない」。それだけではなく、この特権を保証するために「価格を定める役人がつねに必要とされる」ので、費用がますます高くなる。

反対に、市場価格を自然価格よりも低くする方策も、国の富裕を破壊する。その一例が奨励金である。穀物などに奨励金を与えて、価格を低くすることは、商品の販売を容易にするが、「産業の自然的均衡と呼んでいいものを破壊する」のである。ある人に奨励金を与えるということは、「残りの者から蓄えをとりあげる」ことである。これらの人為的な政策は、すべて国家の富裕を妨げ、正義を侵害するものなのである。

スミスは、商業における「交換的正義さえ守られれば、所有の重大な不平等にもかかわらず、かなりの配分的な正義がおのずから実現される」と考える。自生的な市民社会におけるホモ・エコノミクス（経済人）の自由な労働と商業を妨げるすべての政策は、正義に反するものとして退けられるのである。『国富論』は、そのことを証明するために書かれた書物であった。

ベンサム『道徳および立法の諸原理序説』
――最大多数の最大幸福

†最大多数の最大幸福

このようにアダム・スミスはホモ・エコノミクスが市場において、自愛の原理のもとで自己の利益を目指しながら活動することで、社会全体の利益を増進することができるという市民社会の原理を確立したのだった。この伝統のもとで、ジェレミー・ベンサム（Jeremy Bentham, 1748-1832）の功利主義も成立する。

ベンサムは、人間を支配する原理は快楽と苦痛だけであると次のように宣言する。「自然は人類を苦痛と快楽という、二人の主権者の支配のもとにおいてきた。われわれが何をしなければならないかということを指示し、またわれわれが何をするであろうということを決定するのは、ただ苦痛と快楽だけである」。

個人の快楽を増大させることができるすべての行為を是認し、これを削減するようなすべての行為を否認することが「功利性の原理」である。そして社会は個人の集計にすぎない。「社会の利益とは何であろうか。それは社会を構成している個々の成員の利益の総計にほかならない」。だからこの原理は社会全体にも適用され、社会全体の快楽を増大させることを目指すのである。この原理にしたがうならば、快楽が善であり、それを増進することが正義である。この原理では、善と正義は完全に一致する。

この功利の原理をベンサムはヒュームから学んだという。そしてベンサムはスミスとヒュームの市民社会論をさらに徹底的なものとした。ベンサムは、ヒュームの共感の理論も、それに基づいたスミスの「他者のまなざし」の理論も不要にしてしまう。ベンサムは、共感というものはたんに「著者の感情や意見をそれ自体の理由であるとして、読者におしつけようとする工夫」にすぎないと一蹴する。すべての人が自己の利益を追求することで社会の利益が増進されたように、すべての人が自己の快楽を追求することで、社会全体の快楽が増進されるとするならば、共感のようなものは不要なのである。

†サンクション

ベンサムがその代わりに利用するのが、「サンクション」の概念である。「制裁」と否定的な意味合いで訳されることが多いが、この概念は「何らかの行為の法則や基準に、拘束力を与えることのできる」快楽と苦痛の源泉である。人々は自分がうけとるべき快楽と苦痛の大きさをみずから想像することで、行動を律すると考えられている。サンクションには自分の行動によって生まれる快楽の大きさへの肯定的な希望と、苦痛の大きさへの否定的な恐怖の両方が含まれるのである。

ベンサムはこのサンクションには、物理的なもの、政治的なもの、道徳的なもの、宗教的なものがあると考えている。自然のプロセスによって快楽や苦痛が発生するときには、それは物理的なサンクションである。主権者の意志によって、立法や裁判を通じて快楽や苦痛が発生するときには、それは政治的なものである。各人の自発的な傾向によって発生するときには、それは道徳的なものである。神による救済や制裁であれば、それは宗教的なものである。

ベンサムが具体的に挙げているのは、否定的なサンクションの例だ。ある人が火事のためにすべての財産を失ったとしよう。その人が火事の原因をいろいろと考えてみるとする。それが落雷のような自然の出来事のために発生したと考えるならば、その人は物理的なサンクションをうけたのである。それが当局の政治的な命令で焼き落とされたと考えるならば、政治的なサンクションであり、これは「刑罰と名づけられる」。隣人を助けなかったために恨まれて放火されたと考えるならば、道徳的なサンクションである。彼が罪を犯していて、神が罰を与えたのだと考えるならば、それは宗教的なサンクションである。

ここで重要なのは、神が実際に罰を与えたかどうか、隣人が放火したかどうかということではない。市民がみずからの行動を選択するにあたって、どのようなサンクションが発生しうると考えるかが問題なのである。人々はこのサンクションを考えることで、みずからの行動を律するのである。

人はほんとうに金に困って、盗みに入ろうと考えるかもしれない。金が入れば、さまざまな快楽が得られるだろう。好きなものが買えるだろうし、借金の取り立てから解放されるに違いない。しかし警察につかまったらどうなるだろうか。投獄されて身体の自由を失うに違いない（物理的なサンクション）。名誉も失われるだろう（道徳的なサンクション）。刑期を終えて出てきても、働き場がみつからないかもしれないし（経済的なサンクション）、公的な場で活動できなくなるかもしれない（政治的なサンクション）。死んだら地獄に墜ちるかもしれない（宗教的なサンクション）。こうして物理的、道徳的、経済的、政治的、宗教的なサンクションのネットワークによって、人が犯罪に走るのをやめさせることが期待されているのである。

ベンサムの理論をうけついで、功利主義の哲学を発展させたJ・S・ミル（John Stuart

Mill, 1806–1873）は、ベンサムの功利主義を解説しながら、このサンクションを人間の行動の道徳的な原理のようなものと考えて、それを内的なものと外的なものに分類した。外的なものは、同胞や神によく思われたいという願いであり、「嫌われることを恐れる気持ち」（ミル『功利主義』）である。これにたいして内的なサンクションは、「良心」である。良心は、行動を起こす前に人々の内心で語りかける。正義の基準を犯したならば、あとで良心の呵責《かしやく》によって苦しめられるのであり、これが強制力となると考えたのである。

これはサンクションを基本的に道徳心の働きと考えようとするものであるが、ベンサムは道徳心よりも、各人が行為の前に快楽計算を行って、快楽が差し引きでプラスとなるように行動するという計算高い心を重視していたのである。ベンサムの道徳的なサンクションも、「良心の咎《とが》め」というよりも、親切にしておかないと後で恨まれて損をするという計算高さから生まれるものである。スミスは他者のまなざしを行動を律する原理としたが、ベンサムは快楽と苦痛の源泉としてサンクションの装置の自動的な働きに期待したのである。正義はサンクションの装置と刑罰によって実現されるのである。

†立法者の視点

この功利の原理は、立法者の観点からみると、「最大多数の最大幸福」の原理と呼ばれる。すべての法律は、社会の最大多数の幸福を最大にすることを目指す必要があるのである。そのためには、社会の成員がみずからの幸福を最大にするように行動するように仕向ける必要がある。この書物で道徳論の後に、犯罪論ではなく、人々の行動を左右するための刑罰論がつづいているのはそのためである。

ベンサムは後に付した序文で、「犯罪の分類と犯罪に属するその他のすべての事柄に関する考察が、刑罰に関する考察の前におかれなければならなかった」と反省しているが、著述の時点では道徳論に刑罰論がつづくのは自然である。道徳論は、市民がどのような動機と意図で行動するかを分析しながら、社会全体の快楽を最大限にすることを目指す。そして刑罰論では、刑罰をどのようにすれば、市民が正しい意図で行動し、快楽を最大にしないという誤った意図で行動しないようにするかを示すことを目的とするからである。「すべての法律の一般的な目的は、社会全体の幸福を増進させ、そして何よりもその幸福を縮小させるものを除外することにある」のである。刑罰そのものは悪であるが、幸福の縮小をできるかぎり少なくするという意味で善に貢献するものである。

†快楽計算

ベンサムはこの書物では、法律を定める立法者の視点から考えている。「政府の仕事は、刑罰と報償によって、社会の幸福を促進することである」と語られているように、立法者は、さまざまな方法によって、社会全体の善を最大限にすることを求められる。より大きな害を防ぐために小さな害を実行すべきかどうかという問いが、個人の選択における功利主義のジレンマとして語られることが多いが、この判断は、個人に求められるものではない。法律として、一般的な問題だけに向けられるのであり、個別の事例のジレンマは、立法の対象ではないのである。

立法者は、個々の事例について判断するのではなく、ある法律を施行することで、社会の幸福が増大するかどうかだけを判断する。その判断の重要な基準となるのが、快楽計算である。この計算では、法の対象となる「特定の行為によってもっとも直接に影響をうけると思われる特定の人」において、次のような快楽と苦痛の価値を計算する。(一)その行為によって最初に生み出される各人の快楽の価値、(二)その行為によって最初に生み出される各人の苦痛の価値、(三)最初の快楽と苦痛の結果として発生する快楽の価値、(四)最初の快楽と苦痛の結果として発生する苦痛の価値。

そしてすべての快楽と苦痛の価値を相殺して、快楽の価値の合計が苦痛の価値の合計よりも多ければ、それはその人にとって善であり、この立法はその人にとっては正義の法である。苦痛の価値の合計が快楽の価値の合計を上回れば、それはその人にとっては悪であり、その立法はその人にとっては不正な法である。その計算を、その立法によって影響をうけるすべての人について実行する。そしてすべての人において増大する快楽の総計が、増大する苦痛の総計を上回るならば、それは社会にとって「一般的によい傾向をもつ」法だということになるだろう。

このベンサムの快楽計算は、人間を快楽と苦痛だけを感じる動物として考えるものであり、スミスのホモ・エコノミクスと同じように、還元主義的なものである。ベンサムも認めているが、快楽が苦痛であり、苦痛が快楽である事例があること、快楽の価値は同等なものではないこと、そのために快楽と苦痛を数量化することはできないことが、この計算では考慮にいれることができない。このような還元主義は、ミルが『功利主義』で指摘するように、人間の平等につながるものであるのはたしかだが、個人の幸福の質的な差異を考慮にいれることはできない。

立法者はこの快楽計算に基づいて、市民が正しく自分の行動を律するように、政治的なサンクションとしての刑罰を準備する。その刑罰の理想的な装置がパノプティコンであった。フランスの思想家のフーコー（Michel Foucault, 1926–1984）が明らかにしたように、この一望監視装置は、たんに効率的に人々を監視するだけではない。人々の心のうちで、自然にサンクションの正しい計算が行われるようにする仕組みになっているのである。

収容されている人々は、いつも監視されているという可能性を認識し、見られていていても構わない主体へとみずからを構築する。「みずから権力による強制に責任をもち、自発的にその強制を自分自身に働かせる。しかもそこでは自分が同時に二役を演じる権力的な関係を自分に組み込んで、自分がみずからの服従強制の本源となる」（フーコー『監獄の誕生』）。これは心の中にサンクションのような装置を植えつけることによって、ミルの必要とした良心のようなものを不要にする仕組みなのである。

ヘーゲル『法の哲学』
――正義を欠いた幸福は善ではない

†人格と正義

このホッブズからカントにいたる社会契約論の系列の正義の理論と、スミスからベンサムにいたる市民社会論の正義の理論を統合する正義論を確立したのがヘーゲル（Georg Wilhelm Friedrich Hegel, 1770-1831）の法哲学である。ヘーゲルは社会契約の理論そのものは否定しながらも、ルソーとカントから自由と正義の概念をうけつぐのである。

ヘーゲルはまずカントと同じように、人間は最初は自由な意志であると考える。人間は自由な自立した個人として、人間である。この個人が自由であるのは、「自由を意志し、みずから自由である」ことによってである。人間が何かを目指して意志するのではなく、自由であることだけを意志するなら、その人間は完全に自由で、自立した存在でありうる。

これは自己を意識しているだけの個人であり、「人格」である。人間は人格として、「わたしが、この世を生きるこの個人として自由であり、広がりのある、思考する存在である」というありかたをしている。すべての個人は人格として、たがいに尊敬しあうことを求める。法が最初に求めるのは、「人格であれ、そして他人を人格として尊重せよ」ということである。これがカントの定言命法の一つ、他者を手段としてだけではなく、同時に目的として扱えという命令と同じことを意味しているのは明らかだろう。

ただし人格は自由を意志することにおいて自由であるが、これは自分が自由であると叫んでいるだけのことであり、空しいものである。そのため人格は「自然の存在を自分のものにするために活動へと向かう」ことになる。人間は労働し、自然に働きかけ、その産物を所有するにいたる。自由はここでは財産という「物」の形をとって表現されるようになる。「財産のうちには、わたしの意志が対象化され、形ある物となっている。財産が尊重されねばならないのはそのためである」とヘーゲルは語る。こうして人格は他の人格と、たんに自由な人格としてではなく、「財産を所有する者として向かいあう」。たがいに他者の財産を尊重しあうのであり、これが契約となる。この契約を破ることは不法であり、侵害された正義を回復するのが法である。

†不法と正義

この不法には、さまざまな形態がある。ヘーゲルは不法を「無邪気な不法」「詐欺」「犯罪」に分類する。「無邪気な不法」は、たとえば所有権をめぐって対立が発生する場合である。ある人が無主の土地だと思って耕作を始めたとしよう。ところがその土地には古くから所有者がいた。耕作した人は、労働を投じたことで所有権を主張することができ、以前の所有者は歴史的な所有権を主張することができる。どちらの法も真の法ではなく、「みせかけの法」となっているのである。

「詐欺」においては、ある人が正当な所有者ではない物品を、あたかも正当な所有者であるかのようにみせかけて、売却する。騙《だま》された相手は、騙す人がそれを正当に所有していると信じていた。「相手は、わたしが不法を働いているとは思わず、法がおこなわれていると思っている。その意味では法が承認されている」。しかしそれはみせかけだけであり、「みせかけとして提示された法は、正しく提示されたものではなく」、それは不法である。

ただし「無邪気な法」と「詐欺」においては、法が守られるべきことであることは承認されている。「他人の権利を認めるべきだという一般的な原理は否定されていない」。これを正面から否定するのが「犯罪」である。「自由の具体的な形である法そのものを侵害するような暴力的な強制が自由人によって行使されるとき、それが犯罪である」。

これらの不法を実行する者は、それでも自分が正しいと考えているのであり、いわば自分の行為を一般化して「法」にしようとしているのである。これらの不法が罰せられない場合には、不法が法として認められることになる。「罰せられないことは、正しいことである」と言わざるをえないからである。だから不法は罰せられ、正義が回復される必要がある。「侵害を破棄することによって、法は現実のものとなる」のである。

ヘーゲルは犯罪者が処罰されることは、犯罪者にとっても利益のあることだと考える。犯罪者も理性的な存在者であり、自由な人間である。自由な意志は、法が侵害されることに抵抗するものである。だから犯罪者のうちでは、ほんらいの自由な意志と、「それと対立して行動する主観的な意志が共存している」ことになる。

刑罰は、犯罪者の主観的な意志を罰して、ほんらいの自由な意志を回復することであり、犯罪者の自由を回復することでもある。「正当な刑罰は犯罪者の意志に根ざし、犯罪者の自由のあらわれであり、犯罪者の権利である」ことになる。犯罪者は、犯罪という行為によって、逆説的に正義のありかを示すという役割をはたしたのである。

しかし人間は自由な人間として、犯罪を犯さずに正義そのものをあらわにすることができる。それは道徳をつうじてである。道徳的な主体は、「内面の自由を自覚しており、主体の存在がその主観性、その目的、その認識、その意図とともにあり、自由と主体が内面的につながっている」のである。これは「正義が主体のうちに現れること、主体が正義そのものを意志すること」を意味する。

ヘーゲルは、人間が幸福を追求することは義務だと考える。「好みや欲求や衝動を全体として満たしている状態が幸福である。好みなどを満たすこと、一般的にいって、自分の幸福を気づかうことは許されるし、必要でもある。それは許されるだけではなく、義務でもある」。人々は、自分の幸福を目指して行動する。問題なのは、その行動がどのような意図においてなされるかである。「主体とは何かと言えば、それは一連の行動である」。そして行動を動かす意図は、「行動の一部をなし、行動の道徳的な質をなし、行動の実質的な内実をなす」ものである。

自分の幸福を目指すこうした行動は多くの場合、他者の幸福を同時にもたらす。正しい共同体は、そのようなありかたをしているべきものである。「国家の目的たる共同体の善と、個人の特殊な幸福が、たがいに結びつき、自分の幸福を求める個人の行為が共同体の目的を促進するものとなり、逆に共同体の目的が個人の幸福を促進するというのが、社会のあるべき姿である」とヘーゲルは指摘する。

ヘーゲルがここでスミスの市民社会論と分業論をうけついでいることは、「誰かが食べたり飲んだりするものも、他人のためになっているのである」と語っていることからも明らかだろう。幸福を追求することは、正当なことであり、「正義はなされよ、しかして世界は滅びよ」ではなく、「正義はなされよ、しかし特殊な欲求も満たされよ」なのである。ただしヘーゲルにとってはこれが実現するのは、スミスの市民社会においてではなく、国家においてである。

†幸福と正義

各人が正しい意図のもとで自己の幸福を追求するならば、それは善である。「意志の正義は正しい意図をもつことにある。それは、わたしの特殊な意志にたいして、意志の理念がつきつけてくるものであり、逆に言えば、善を推進するのがわたしの正義でもある」のである。ここで善とは、「自由の実現であり、世界の絶対的な最終目的である」。善とはたんに社会全体の幸福が実現されることではなく、自由の理念にふさわしい形でこうした幸福が実現されることである。「善の要素としての幸福は、個々の特殊な幸福として価値を認められるのではない。共同の幸福、自由の理念に適った一般的な幸福であってこそ、価値がある。正義を欠いた幸福は善ではない」ことになる。

　人間は共同体において、初めて主観的な道徳性と共同の幸福を結びつけることができるようになる。「義務とかかわるなかで個人は共同体の自由へと解放される」のである。この共同体において個人は、「孤立したまま共同体と対立する自分だけの良心をもはや失っている」のであり「共同体の倫理は、それこそが正義であると認識され、そのようなものとして承認される」のである。

†市民社会と国家

　ただしヘーゲルにとっては、現実の市民社会はこのような共同体の倫理を体現する場ではない。現実の市民社会は、理想とする市民社会が退廃した場なのである。「誰もが特殊な目的を追求する市民社会は、あらゆる方面にわたって、特殊な欲求や思いつきやわがままや、主観的な好みを満足させようとするものである。それはその享楽のなかで、共同体としての社会を破壊する」ものであると、ヘーゲルは考える。市民社会は「過剰および貧困の舞台と化し、両者に共通の、肉体的・精神的な退廃の光景を示す」という。これは欲望の主体としての市民《ブルジョワ》の世界であり、「全面的な依存の体系」である。この市民社会は、共同体の倫理を欠如した場であり、そこにはほんらいの意味での正義はないのである。

この分裂した状態を止揚するのが国家である。「国家の強さを成り立たせる核心は、個人の幸福、特殊な目的、精神生活、精神的発展のすべてが国家のうちで実現され、個人の目的が共同の目的と一体化して実現されることを、各人が認識し、自覚し、このようにして権利と義務の統一が実現することにある」とヘーゲルは考える。個人の自由が共同体の自由と対立しなくなるとき、権利と義務は統一され、ここに初めて正義の基礎が確立するのである。

「欲求の体系」としての市民社会では特殊性と共同性が分離していたが、国家ではこれが統一され、「特殊な利害のうちに共同の利害が含まれ、そこに統一がなりたって、正義と幸福が、どちらも侵害されることなく、ともに実現される。不正義とは、正義と幸福が侵害されることであり、そんなことがあってはならず、不正義の存在はゆるされず、正義は特殊な欲求と結びついた共同の正義として存在しなければならない」のである。

第四章

現代の正義論

これまでの章では、古代以来の公共善としての正義の概念に代って、資本主義的な社会の登場とともに、新たな正義の概念が社会契約論と市民社会論の二つの道筋で展開され、それがヘーゲルにおいて統合されたことを確認してきた。しかしその統合された正義の概念の地位は、その直後から揺るがされる。まずマルクスが正義の概念にひそむイデオロギー的な要素を暴き、ニーチェが系譜学的な考察を行って、正義の概念のあやしさを明らかにする。さらにベンヤミンは正義の概念と暴力の結びつきについての深い考察を展開し、ハイエクは分配的な正義そのものが幻想であることを明らかにする。

一九七〇年代から、アメリカで正義論が重要な政治哲学のテーマとして議論されるようになる。そのきっかけとなったのは、ロールズが『正義論』を刊行したことだった。この章ではロールズの著書を簡単に紹介してから、ロールズとの論争を展開したノージック、ウォルツァー、サンデルの正義論を考察する。

またドイツでもロールズの正義論は大きな影響を与えており、ハーバーマスの討議倫理の理論と、ホネットの正義論をその応答の代表として選んだ。フランスではロールズの影響はそれほど大きくなく、レヴィナスとデリダのユニークな正義の理論を紹介することにした。

マルクス『ドイツ・イデオロギー』
――イデオロギーとしての正義

†イデオロギーとは

ヘーゲル左派の出身であるカール・マルクス（Karl Marx, 1818-1883）は、ヘーゲルの観念論の批判によって、みずからの哲学の足場を築いた。マルクスは『ドイツ・イデオロギー』で、ヘーゲルが『歴史哲学』において、自分は「概念の進行だけを考察してきた」と語っていることを指摘している。マルクスは、ヘーゲルが人間の歴史をあたかも「概念の進行」の歴史であるかのように転倒した形で語ることができた背景には、次のような手続きが存在していたと分析する。

第一に、支配階級のうちの精神的な労働者である哲学者たちが、支配者たちの抱いている思想を取りだして、それを「歴史の中での思想もしくは幻想の支配」とみなす。第二に、この思想支配のうちに秩序を持ち込み、相次いで登場する支配的な思想のうちに、「何らかの神秘的な連関」をもちこむ。そのために「概念のさまざまな自己規定」が行われているような見掛けを作りだす。そして最後に、この「神秘的な外観を取り除く」ために、その概念を自己意識などの一つの主体に割り当てるというのである。

こうした操作によって、支配階級の思想が独立して、その時代の支配的な思想となる。「たとえば貴族制の支配した時代のあいだは名誉、忠誠などの観念が支配したのにたいし、ブルジョワジーの支配のあいだは自由、平等などの概念が支配したなどと言えることになる。支配階級自身が概してそう思い込む」のである。これがその時代のイデオロギーである。現代のマルクス主義哲学者の一人であるルイ・アルチュセール（Louis Althusser, 1918-1990）がイデオロギーについて考察した『再生産について』で指摘しているように、正義の観念もこうしたイデオロギーの一つにほかならない。マルクスのイデオロギー批判では、こうした観念が作られた土台を暴くことを目的とするのであり、正義の概念が社会ではたす役割が批判の対象となるのである。

このマルクスの視点は、ヘーゲルにおいて統合され、ある意味では完成された正義の概念そのものを転倒してしまう。ここに正義の概念の新しい歴史が始まる。「正義とは何か」が問われるのではなく、「正義という概念を誰がどのような意図で語るのか」、そして「社会において正義の概念はどのような機能と役割をはたすか」が問われることになる。

†搾取の不正義

ただしマルクスにおいても、伝統的な正義の概念が使われないわけではない。人間の価値が否定されている労働者階級が、人間としての価値を獲得するために遂行する革命において、正義が実現されると考えられているのである。資本主義の社会においては、ブルジョワ階級によって生産手段が独占されており、労働者は雇用契約によって自分の労働力を売却して、生存してゆくしかない。これは自由な雇用契約にみえるとしても、労働者はその労働のうちに「資本家のためにただで働く」(『資本論』)部分を含めざるをえない。この労働が剰余価値を作りだし、資本家はこれを商品として売却することで利益を獲得するとマルクスは考える。

マルクスはこれを「搾取」と呼ぶ。これは分配的な正義が行われていないことを非難する言葉である。マルクスは、資本家と労働者の関係を、次のように描いている。「かつての貨幣所持者は資本家として一歩前を歩み、他方、労働力の所有者は資本家のために働く労働者としてそのあとに続く。前者はもったいぶった笑みを浮かべて仕事に血道を上げ、後者はおずおずと抵抗しながらついていく。まるで身を粉にして働いたあげく、屠殺場でなめし皮屋を待つほかない家畜のように」（同）。

この労働者という階級は、「社会のあらゆる重荷を担わなければならないだけで、いかなる利益をも享受しない階級、社会から押しだされ、他のあらゆる階級とあくまでも対立せざるをえないところへと追い込まれる階級」（『ドイツ・イデオロギー』）である。この労働者、プロレタリアたちは、「人間としての値打ちを獲得するために、彼ら自身の従来の生存条件（それは同時の従来の社会全体の生存条件でもある）、すなわち労働を廃止しなければならない。したがってまた彼らは、社会の諸個人がこれまで自分たちを全体としてあらわすためにとってきた形態、すなわち国家というものに真っ向から対立する立場にあるのであって、彼らの人としての在り方を完全に確立するために、国家を倒さなければならない」とマルクスは主張する。国家において正義が実現されると主張したヘーゲルとは対照的に、人間としての値打ちを否定されている人間が、「人としての在り方を完全に確立する」革命、国家の廃絶こそが正義だということになる。

†分配的な正義

さらにマルクスは「分配的な正義」を求めた当時の労働運動を批判する。資本家が生産手段を所有し、労働者が自分の労働力を売るしかない資本主義社会では、既存の分配方式が「公正な」ものとしてあらわれざるをえないことを指摘するのである。マルクスは、「公正な」分配を要求しようとするドイツ労働者党の一部の理論家を批判しながら、次のように指摘する。「こんにちの分配が〈公正だ〉と、ブルジョワたちは主張していないか？　そして実際のところ、こんにちの生産様式のもとでは、それが唯一の〈公正な〉分配ではないのか？」（『ゴータ綱領批判』）。

マルクスは、既存の生産様式から、既存の生産条件が生まれ、その生産条件から消費手段の分配が決定されることを指摘する。「生産の諸要素がこのように分配されているなら、消費手段のこんにちのような分配方式がおのずと生じる」（同）のであり、これはある意味では公正なことなのだ。だからこそ「物的な生産条件が労働者自身による協同組合の所有となれば、同様に、こんにちとは異なった消費手段の分配方式が生じるのである」（同）。

マルクスは「これまでのあらゆる革命においては、働き方には一指も触れられないままで、ただこの働きの分配を変えること、労働を他の人々に新しく割り当てることが問題とされてきた」（『ドイツ・イデオロギー』）と指摘する。マルクスはこの分配的な正義を求める要求はまったく空しいことだと考える。今や「従来の働き方を槍玉にあげ、労働を廃止し、そしてあらゆる階級の支配を階級そのものとして廃止する」ことが必要なのである。

†正義の社会

　この革命が成就した後は、もはや労働も分業もなくなるだろう。労働の分割が「労働のその生産物との配分、しかも量的にも質的にも不平等な配分」を作りだしていたのである。革命後の社会では労働の分割はなくなり、「今日はこれ、明日はあれをする可能性を与えてくれる。つまり狩人、漁師、牧者、または批判者になるなどということなしに、わたしの気のおもむくままに、朝には狩りをし、午《ひる》すぎには魚をとり、夕べには家畜を飼い、食後には批判をする」ことができるようになるだろう。

　国家が廃絶された後のこの社会では、「労働がたんなる生活のための手段であるだけでなく、それ自体が第一の生命の欲求となる」（「ゴータ綱領批判」）だろう。「そのときに初めて、ブルジョワ的な権利という狭隘な地平が完全に踏み越えられ、社会はその旗にこう記すことができるだろう。各人はその能力に応じて、各人にはその必要に応じて！」（同）。革命後の正義の社会でこそ、分配の正義がまったく新しい形で実現されることになる。

ニーチェ『道徳の系譜学』
――約束する人間の正義とルサンチマンの正義

†「約束する人間」の誕生

フリードリヒ・ニーチェ（Friedrich Wilhelm Nietzsche, 1844-1900）はマルクスと同じように、正義という概念、「正しさ」という概念に背後に潜むイデオロギー的な装いの匂いを嗅《か》ぎつける。そして「正しさ」の概念の系譜学的な考察を始めるのだ。「正しい」とは、そもそも最初はどのようなものだっただろうか。この問題をニーチェは二つの道筋で考える。第一の道筋では、国家における正義の弁証法というまっとうな観点から正義を考察するものである。しかしこの道筋には言わば「裏道」として、キリスト教のルサンチマンによる道が控えているのである。

そもそも正義という概念が可能となるためには、ニーチェは「約束する人間」が誕生する必要があったと考える。これは約束し、責任をはたし、良心をもち、正義を貴ぶ人間であるが、この人間は多くの苦労のすえに生まれたのである。

ニーチェはこの新しい人間が登場した背景にあったのは、契約関係だと考える。特に借金をするための契約では、負債を返済することを確約しなければ金を借りることはできない。その約束が「厳粛で神聖なものであることを相手に保証するために、そして返済することが義務であり、責務であることを自分の良心に刻み込んでおくために、さらに万一返済しなかった場合のために、契約に基づいて債権者に抵当を差しだす」。抵当となるのは、自分の身体、妻、自由、生命のような、借り手にとって貴重なものである。

債務者が返済できなかった場合には、その貴重なものは奪われるか、債務者の身体に残酷な責め苦が加えられる。「負い目」「良心」「義務」「義務の神聖さ」などの道徳的な概念は、この債務の法律の世界から生まれてきたのだと、ニーチェは指摘する。そして「この道徳的な概念の世界からは基本的に、血と責め苦の臭気が完全に拭《ぬぐ》い去られたことはなかった」とつけ加える。

しかしこの血と責め苦の結果として、「約束を守る人間」が誕生したとニーチェは考える。この人間の暗い「前史」を背景として、もはや身体を抵当にいれなくても、きちんと約束を守り、責任をはたし、正義を遂行する人間が登場するのである。「約束することのできる動物を育成すること、これこそが、自然が人間についてみずからに課した逆説的な課題そのものではないか」。

この「多くの過酷さと防圧と痴愚が含まれている」育成のプロセスによって、初めて「至高な個人」が、自律的な人間が誕生する。この「自由になり、真実の意味で約束することができるようになった人間、自由な意志の支配者となった人間」は、みずからに強い誇りをもつようになる。

これは人間が人間として完成したということであり、ここに暴虐が自由をもたらすという逆説がある。「この人間のうちには、すべての筋肉が震えるほどの誇り高き意識がみられるだろう。これは、ついに彼のうちで実現され、自分のものとなったほんらいの意味での力の意識と自由の意識であり、人間そのものが彼のうちで完成されたという意識である」。

†正義の弁証法——共同体の正義

この誇り高き人間たちは、約束を守り、責任を負う道徳的な主体として、国家を形成する。そしてこの国家は、共同体との約束を侵害した者を、最初は厳しく処罰する。共同体とその成員の関係は、債権者と債務者の関係と同じものだとニーチェは考える。共同体の成員は、共同体から保護される代わりに、共同体の法を守ることを約束したのである。

この約束を破った者にたいして、「怒り狂った共同体は、その者をこれまで保護してきた状態から、もとの野蛮で法の恩恵を奪われた状態へと追い返す」のである。これが共同体の示す正義である。この法の外に置かれた者、ホモ・サケルにはどのような危害を加えても、罪を問われることはないのである。

†正義の弁証法——矯正の正義

しかしやがて共同体は、契約にたいする違反への処罰も強すぎると、逆の効果が発生することに気づく。法が侵害されて被害が発生すると、その被害の修復を求める正義の声が強くなる。これが行き過ぎると、加害者にたいする報復が、最初の害よりも強まる可能性がある。「共同体は直接に被害をうけた人々の怒りから」、加害者を保護するようになるのである。

そして共同体は、この事件の範囲を限定し、「多くの人々が関与してきて、不穏になることを防ぐ」ようになる。やがては「すべての違反をある意味で賠償しうるものとみなす」のである。共同体はそのために人間の身体のすべての部位に価格をつけて、被害を修復するための正当な価格を設定するようになったのである。

正義の法とは、「すべてのものには価格がある。どんなものでも金を払えば手にいれることができる」という一般命題に依拠するものである。「これがもっとも素朴な正義の道徳的な基準」であった。被害者の復讐の念をおさえ、復讐に復讐をする連鎖をおしとどめ、「ほぼ同等な者たちのあいだで、たがいに和解し、たがいに埋め合わせることで〈了解〉しあおうとする善意であった。そして力の弱い者たちを強制し、たがいに埋め合わせをさせようとするのである」。

ハンムラビ法典から旧約聖書にいたるまで、「目には目を、歯には歯を」という同害報復《タリオ》刑の法が定められているが、これは被害者に無法図な復讐を認めるのではなく、同等物の返済で解決しようとするものであった。この矯正的な正義が、国家による法の施行の重要な目的だったのである。だからこそ「古代からいたるところで、人間の四肢と身体のさまざまな部分について、合法的な価格査定が、きわめて精密で、ときには恐ろしいほどの細部にいたる価格査定が行われてきたのである」。

被害の対価をきちんと定めることで、過剰な害が加害者に加えられるのを防ぐのである。法と正義は、以前とは反対の意味で、被害者の保護と調停の目的で利用されるようになったのである。

†正義の弁証法——正義の止揚としての赦し

さらに社会が発達し、その富が大きくなると、わずかな成員による法の侵害にそれほど神経質に対処しなくても、平然としてそれを許すことができるようになる。矯正的な正義では、「すべてのものは賠償されうるし、すべてのものは賠償されねばならない」と定めていた。しかしやがては支払い能力のない者は放免して、ことを荒立てないことを選ぶようになる。

これが恩赦である。恩赦を実行することができるのは、国で最高の権力をもつ者である。これはもはや「法の彼方」であり、正義はここで「みずからを止揚して消滅するのだ。これが正義の自己止揚である」。ニーチェはこの正義の止揚が「恩赦《グナーデ》」という言葉で呼ばれていることに注意を促す。グナーデとは神が与える恩恵であり、恩寵を意味するのだ。権力者は許すことで、ついに神にひとしい地位に昇るのである。

†反動的な人間

この神とはキリスト教の神であることをニーチェは暗黙のうちに語っている。正義が自己止揚するにいたるまでには、一本の裏道があるからである。正義の弁証法は、共同体とその成員の間のある種の契約がどのように維持されるかということを、その違反者への対処と処罰の道筋として語ってきた。身体への処罰が暴力的に行われるということのうちに、供犠と祝祭の要素が含まれることを除くと、ここには宗教的なものはほとんど含まれていない。そして供犠と祝祭は、残酷さを含むものであることは、「人間のもっとも古い、もっとも長い歴史がそれを教えてくれる」のである。これはすべての人間に共通したものなのだ。

しかし西洋の伝統に含まれるキリスト教の歴史は、この弁証法に別の「味わい」を加えたのである。それは国家のうちで支配された人々の間に、能動的な人々とは異なる受動的な人々が形成され、これらの人々のうちに、ユダヤ教とキリスト教の教えが浸透したからである。

優越的な人々はみずからを「良い」と判断し、自立して行動し、その行動のうちに幸福を味わっていた。「良い」ということは、「最高度に価値の高いもの」を意味していたのである。しかし支配される人々、「抑圧された者、踏みつけにされた者、暴力を加えられた者」のうちに、こうした優越的な人々にたいする怨恨の念、ルサンチマンが生まれたとニーチェは考える。

暴力は悪である。抑圧は悪である。踏みつけにすることは悪であると、この受動的な人々は考える。だから優越する人々は悪しき者たちである。悪しき者たちに暴力を加えられるのは、善き人々である。だからわれわれこそが、善き者であると、このルサンチマンは論理を進める。こうして善とは、価値の高さではなく、行動の欠如、「何もしない」こと、暴力を加えないこと、誰も傷つけないこと、他人を攻撃しないこと、報復せず、復讐は神に委ねることと定義されるようになった。価値の逆転である。

†ルサンチマンの正義

この価値の逆転にともなって、新たな正義の概念が生まれることになった。正義はもはや共同体と契約との関係においてではなく、善と悪との関係において考えられるようになる。優越した者がなすことは悪であり、不正である。善き人々がなすことは善であり、公正であると考えられるようになったからである。

これは共同体の約束に違反する者に処罰を加える現世の権力者が不正であると考えることであり、正義の概念をまったく逆転させることになった。神の正義は彼岸で神の裁きとして示されるものであり、現世の正義とはまったく異質なものとなったのである。「〈みずから復讐することができない〉は〈みずから復讐することを望まない〉と言い換えられ、ときには〈赦し〉と呼ばれることもある」ようになったのである。

この逆転した論理によると、被害をうけた者が、加害者を赦すことで、恩赦を与える神のごとき地位に立つことになる。そしてみずから復讐するのではなく、別の何らかの形で加害者に罰が加えられると、「彼らはそれを報復と呼ばずに〈正義の勝利〉と呼ぶ」のである。これは「復讐を正義という美名で聖なるものと」することである。「正義とは根本では、傷つけられた者の感情を発展させたものにすぎないかのよう」である。

†キリスト教の役割

このルサンチマンの感情を育《はぐく》み、価値の転換を推進したのが、ユダヤ教とキリスト教の司牧者たちである。司牧者は信者たちの心に「疚《やま》しき良心」を植えつけることで、苦難に耐えることを教えた。信徒たちに、「自分が有罪であり、罪を償うことができないほどに呪われた存在である」と思い込ませたのである。

これは行為において野獣であることが禁じられたために、「観念の野獣性」を爆発させることである。そしてキリスト教は、この根源的な有罪性を償うために、十字架で処刑されたイエスを利用したとニーチェは考える。「神が人間の負い目のためにみずからを犠牲にした」と教えたのである。「債権者がみずからを債務者のために犠牲にする」、しかもそれを愛によってだというのである。

神が人間の罪を償うというキリスト教のこの神話は、債権者と債務者の関係から生まれた正義の弁証法を、いわば巧みな形で盗用し、それを乗っとっているのである。そのために良心にもほんらいの卓越者の良心と、ルサンチマンの「疚しき良心」の二つの良心が生まれるようになったのであり、それに対応する形で、正義の概念が二重の意味をもつようになったとニーチェは考えるのである。

ベンヤミン「暴力批判論」
――未曾有の正義

†暴力と正義

ヴァルター・ベンヤミン（Walter Benjamin, 1892–1940）の論文「暴力批判論」は、「暴力と法および正義の関係をえがく」ことを目的としたものだ。法は正義を目的とするが、暴力はその目的を遂行するための手段として考えられる。「正義が目的の批評基準だとすると、合法性が手段の批評基準である」。法を施行する手段は、合法性に基づいた暴力か、そうでない暴力かに、区別されることになる。

ベンヤミンはこの区別について考えるために、法哲学の原理である自然法と実定法の違いを考察する。自然法においては、目的は手段を正当化するとみなすので、「正義の目的のために暴力を用いることを自明のこととみなす」。この原理からは暴力についての考察は生まれない。これにたいして実定法は、手段が適法であるならば、目的も正義であると考える。そのため手段として使われる暴力を「歴史的に承認された暴力、いわゆる法定の暴力と、法定のものでない暴力」に分類する。

ベンヤミンは現代の西洋の法秩序では、歴史的に承認された適法な暴力とは、法律によって定められた法定の暴力であり、「多かれ少なかれ暴力的に追求される個人の自然目的はすべて、法的目的と衝突せざるをえない」ことを指摘する。個人がみずからの目的を追求するために行使する暴力は、すべて法定のものでない不法な暴力に分類されるのである。

†二種類の暴力

だから法は個人による暴力の行使を不法として否定し、暴力を独占しようとするのである。しかし既存の法の秩序のうちで、合法的に暴力の行使が認められている実例な活動が存在する。それは組織労働者に認められたストライキ権である。「組織労働者は今日、国家を除けば、暴力の行使を認められている唯一の権利主体」である。

しかしこれは国家にとっては矛盾を孕《はら》んだ事態である。労働者のゼネストは、国家の法秩序そのものを変革しようとするからである。何が正義であるかを国家は法で定めるのであるから、このゼネストは正義そのものの定義を変えてしまう。この種の暴力には「新たな法を措定する」性格がそなわっている。これは「法措定的な暴力」と呼ばれる。

これにたいして徴兵制度に支えられた軍国主義は、「暴力を国家目的のための手段として全面的に適用することを強制する」。これは暴力を行使すればするほど、既存の法律体制を強固なものとして維持するという性格をおびている。これは「法維持的な暴力」と呼ばれる。この暴力は正義を再定義するようなことはない。既存の正義の枠組みをさらに補強するだけである。

この暴力が国民にもっとも明確に形で露出されるのが、死刑の執行である。死刑においては「法の根源が代表的に実体化され、怖るべき姿をそこに顕示する」。この行為においては、「ほかのどんな法を執行するよりも、法そのものが強化される」のであるが、それは同時に国民に「法における何か腐ったもの」を感じさせるきっかけともなるのである。

†警察

この法における「腐ったもの」を体現しているのが警察である。警察はこの両方の暴力を行使する。第一に、法律はすべての事柄を定めておくことができないので、法には空隙がある。その空隙を埋めるのが警察である。警察は「法的な効力をもつと主張するあらゆる命令を発動する」のであり、そこにおいて行使されるのは、「法措定的な暴力」である。

警察はみずからの行為が法律に適合している、すなわち正義であると主張する。そして警察の行為に逆らう者は、不法であり、不正であると断罪するのである。そして法律の定めがなくても、そのように行為する権力をそなえているのである。

第二に警察は、法律で定められている事柄を暴力をもって遂行することで、「法維持的な暴力」を行使する。警察は「法的な目的のご用をつとめる」のだから、これは当然なことだろう。警察がその力を行使するごとに、秩序はますます維持され、法がその力を強めるのである。

しかし問題なのは、この二つの暴力が警察においては癒着していることである。そして警察は日常生活のすみずみまで、「明瞭な法的な局面が存在しない無数の事例において、〈安全のために〉と称して介入して、生活の隅々までを法令によって規制し、なんらかの法的目的との関係をつけながら、血なまぐさい厄介者よろしく、市民につきまとったり、あるいはもっぱら市民を監視したりする」のである。ここに「倫理的にあやしげ」なものが存在することは否定できない。

†神話的な暴力と神的な暴力

さらにベンヤミンは、この二つの暴力に関連して、新たな暴力の定義を示す。「神話的な暴力」と「神的な暴力」である。「神話的な暴力」には法措定的な暴力という性格がそなわっている。ここでベンヤミンが考えている神話とは、ギリシア神話で語られるニオベの物語である。ニオベは多くの子供を生んだので、アルテミスとアポロンの母である女神レートーよりも子供に恵まれていると誇っていた。そのために怒ったレートーはアルテミスとアポロンを送り、アルテミスは娘を家の中で射殺し、アポロンは息子をキタイロンの山で殺した。神々はここで女神を侮辱する者には、それにふさわしい罰を与えるという法を示した。神々は法措定的な暴力を行使したのである。

ベンヤミンはこの神話では侮辱した本人であるニオベは殺されないことに注目して、「この生命を、子らの最期によって以前よりも罪あるものとし、黙したまま永遠に罪を担う者として、また人間と神々とのあいだの境界標として、あとに残してゆくのだ」と指摘している。この暴力は、「境界を設定する」暴力なのだ。

このギリシア的な神話的暴力と対比されるのが、ユダヤ的な神的な暴力である。旧約聖書によると、レビ族のコラはモーセが預言者として特権的な立場にあることに反抗して、その指導権を否認する。するとヤーヴェはその一族をすべて殺戮してしまう。「地は口を開き、彼らとコラの仲間たち、その持ち物一切を、家もろとも呑み込んだ」(「民数記」)のである。

この暴力は限界を認めない。「彼らを滅びつくすまで停止しない」暴力である。しかし同時に、神話的な暴力と比較すると、「血の匂いがなく、しかも致命的である」という特徴がある。しかも同時に罪を消滅させてしまう。この暴力には「無血的性格と滅罪的性格」がそなわるのである。この暴力は、たしかに一部の人々を破壊するが、それは「すべての生命にたいする生活者のための、純粋な暴力」なのである。

この神的な暴力は、神話的な暴力とは別の意味で、新たな法の可能性を示す法措定的な暴力である。神話的な暴力は、既存の法と正義の秩序を基礎として、神々よりも優れていると傲慢さを示した者に与える罰を定め、新たな法を措定する。これはどこまでも「支配の」暴力なのである。

しかし神的な暴力は「摂理の暴力」として、法に基づいた暴力とは異なる性格の暴力のありかたを示す。ベンヤミンは、神的な暴力が「神話的な法形態にしばられたこの循環を打破するときこそ、すなわちたがいに依拠しあっている法と暴力を、つまり国家暴力を廃止するときこそ、新しい歴史時代が創出される」と語る。それが、「純粋で直接的な暴力」であり、そこに「革命的暴力の可能性」があるとベンヤミンは考える。神的な暴力は、伝統的な正義の秩序を完全に覆し、未曾有の正義の到来を予告するかのようである。

ハイエク『法と立法と自由　二　社会正義の幻想』
——配分的な正義は不正

†開かれた社会

一九世紀末にウィーンで生まれた特異なリベラルな思想家であるフリードリヒ・ハイエク（Friedrich August von Hayek, 1899–1992）の社会のモデルは、スミスの「見えざる手」に導かれた市民社会、個人が私利を追求することが公益につながる市民社会である。この社会は競争と交換の社会であり、「各人に属するものと、その所有物をどうしたら同意の上で移転できるかということを定めるルール」が必要とされる。ハイエクはこの交換的な正義のルールだけが重要であり、配分の正義という概念は混乱した間違ったものであると考える。

この開かれた社会においては、すべての成員は「相手を気遣ったり知ったりすることなしに、他者のニーズに貢献するように仕向けられる」。人々は自由に行為することで、社会の全体の福祉に貢献するとみなされている。ハイエクはこれを「偉大な社会」と呼ぶ。この自由な社会の特徴は、部族的な封建社会のうちから「自生的な秩序」として登場してきたことである。しかし現代の多くの社会は、この偉大な秩序から離れようとしているとハイエクは考える。それはかつて部族的な社会のうちで生きてきた記憶から逃れられず、部族的な社会の道徳を自由な社会のうちにもちこもうとするからである。

†正義に適うルール

部族的な社会は閉じた社会であり、「同じ集団の他の構成員の安寧を熟慮の上で目指す」ことを慣例とする社会であり、これが正義と考えられてきたのだった。しかし市民社会の市場の正義は、この情緒的な正義の観念とはまったく異なり、抽象的な交換の正義に適うルールだけを承認する。そしていかなる干渉も否定する。「正義に適う行動ルールは特定の利益の保護とは無関係であり、特定利益の追求はすべてこうしたルールに従わねばならない」のである。市場社会のルールは、交換的な正義のルールだけで十分だと考えるのである。

市場社会ではすべての成員がこのルールにしたがって自己の利益を追求するというゲー

ムに参加する。この「富を生産するゲーム」では、すべてのプレーヤーが自分の手腕と運に基づいて、ルールにしたがって行動する。敗者もいれば、勝者もいる。敗れた者が富を失うのは、正義に適ったことである。特定の人物を優遇するのではなく、すべての者が抽象的なルールのもとで平等に扱われるからである。「熟慮の上ではもたらされたのではなく、プレーされたゲームの結果として、所得あるいは富が明確に定められた形で分配されることを、道徳的に正当化する必要はない。なぜならばそのゲームは全員の機会を改善するからである」とハイエクは主張する。

ハイエクは、この偉大な社会が発見されたこと、すなわち「共通の具体的な狙いについての合意を必要とせずに、ただ抽象的な行動ルールに従いさえすれば、人々が平和のうちに、しかも相互に有利に一緒に生活できるという可能性は、おそらく、史上最大の人類の発見であった」と指摘している。しかし現実の資本主義の社会には、この自由競争のルールに反するさまざまな要因が存在しており、「聡明な自由政策によって矯正すべき修正可能な欠陥を数多くもっている」のである。

†社会正義の不正

その大きな要因の一つが、国民の多くが大企業や役所などの「組織」のうちで生活するようになったことである。閉じた組織のうちでは、仲間を防衛しようとする傾向、既存の特権を維持しようとする傾向が強まる。かつての部族的な社会の心性が蘇るのである。また「組織」は一つの目的のためにすべての成員が合意していることが多い。これは「閉鎖的な小社会」なのである。この閉鎖的な社会では、一部の成員が以前と同じような収入を確保できなくなったり、外部からの影響で地位や特権が脅かされたりした場合には、それを保護しようとする傾向がある。これが配分的な正義であるとハイエクは指摘する。これは「社会的な正義」と呼ばれていても、それはほんらいの正義ではなく、正義の名に値しないと考えるのである。

その代表が労働組合による組合員の保護であり、国家による所得の再配分である。これらは閉じた社会の内部での成員の保護を目指すものであり、不公正なものだとハイエクは考える。「その構成員に特定の所得とか地位を保障することを目指すいかなる集団的な行為も、偉大な社会の統合にとって障害となるものを生みだし、それゆえそれは言葉の真の意味において反社会的である」という。これを「社会的な正義」と呼ぶのは、「たんなる口実」にすぎず、実際には「組織化された利益の権力闘争」なのである。

ハイエクはこの傾向が強まると、全体主義社会となる危険性があると警告する。全体主義社会とは、国家がすべてを統制し管理する社会である。この「社会的な正義」を求めることは、自由な競争から離脱して、国家に統制を認めることであり、全体主義を求めることでもある。この統制の「全体主義的な傾向は、やがて道徳的な外観を示すようになる。全体主義が潜り込んでいるトロイの木馬は、〈社会的な正義〉の概念なのである」という。

†正義論批判

ハイエクは、配分の正義を唱える伝統的な正義論を強く批判するが、それはこれらの正義論には、「設計主義的な誤謬」が含まれるからである。ハイエクの構想する開かれた社会は、自生的な社会であり、こうした設計主義的な誤謬は、開かれた社会を不可能にするのである。またハイエクの構想する偉大な社会では、抽象的なルールだけで全員がプレーする。しかし功利主義に代表される設計主義的な理論では、行動をその目的に基づいて判断する。「すべての道徳的判断は、最終的には目的のもつ価値に関する判断である」と考えるのである。

功利主義は、ある行動が善き効用をもたらすときに、それを価値あるものとみなす。そして個人の効用ではなく、社会全体の効用を計算する。「最大多数の最大幸福が決定されることになる快楽と苦痛の計算に関するベンサムの概念は、ある行為の特定の個々の結果すべてが行為者に既知でありうることを、前提にしている」。これは社会の全体を眺める一つの視点を想定することである。これは神の視点なのだ。「すべての功利主義の理論に神人同型論的な性質を与えているのは、行動ルールをある単一の目的群の達成を目指す〈社会〉の一つの行為計画の一部とする解釈である」とハイエクは指摘する。

この批判は、配分の正義を主唱する多くの正義論にあてはまるものであり、法実証主義も同じように誤謬に陥っているとされている。ハイエクは、正義のルールは「正義にもとるものを排除する」ような消極的なものであるべきだと考える。ところが法実証主義は、正義の積極的な基準が存在しないことから、「いかなる客観的な正義の基準もありえない」という間違った結論に飛びついた。そして正義とはたんにその国家において定められた実定法にしたがうことであり、正義と不正とは法律が決めるものだと結論したのである。

ここで、正義とは立法者の定めたものであり、「強者の利益」であるというトラシュマコスの理論（本書一八ページ）が復活することになる。「正義に適うことは、適法的あるいは合法的ということの言い換えにすぎない」という法実証主義の法学者ケルゼンの理論は、「正義概念の信用を落とす」ことにしか役立っていないとハイエクは考える。

ハイエクは、現代の福祉社会の傾向をきわめて危険なもの、自由な社会をかつての部族社会に、全体主義に後退させようとするものとみなしている。そのためハイエクは、次の項で検討するロールズの正義論も批判することになる。ルールによる支配を求めるハイエクの正義論は、無知のヴェールによるロールズの正義の原理の理論と通いあうところがあることから、ハイエクはロールズが配分的な正義という概念を使わなければ、『正義論』の主張に同調できると語っている。

ただし、国家による国民の福祉の確保を目指すロールズの格差原理には、ハイエクは同調しないだろう。ハイエクはこうした原理が国家という境界の内部だけでしか通用しないものであり、国家による統制が自由な社会を破壊することを明確に指摘しているからである。

ロールズ『正義論』
――公正としての正義

†『正義論』の目的

アメリカの政治哲学者であるジョン・ロールズ（John Bordley Rawls, 1921-2002）の『正義論』は、ベンサムの功利主義的な正義論を批判しながら、「カントとルソーにおける社会契約論の伝統の頂点に」立とうとするものである。この書物は正義論の論争の土俵を作りだす重要な役割をはたし、一九七〇年代以降のアメリカの政治哲学を活気づける画期的な書物だった。

ロールズはこの書物で、正義について理論的に考察することよりも、どのような社会体制の原理であれば、それが正義としてみなされるかを明らかにしようとする。ロールズが試みるのは、正義とは何かを考察することよりも、正義を実現するのはどのような原理であるかを調べることである。

そのためにロールズが採用したのは、社会契約を締結して一つの社会を構成しようとする人々に、原初状態という条件のもとで、複数の異なる正義と社会体制の原理を提示し、これらの人々がどの原理を採用して、契約を締結するかを調べる方法だった。そしてこれらの人々が選択した原理が、もっとも社会正義に適っていると考えようとしたのである。

†社会契約の前提

そこにはいくつもの重要な前提が存在する。まずこの社会契約を締結する人々はどのような人々とみなされているか、そしてどのような方法でこの社会契約を締結するかを考察する必要がある。

まず社会契約を締結する人々の特性について考えてみよう。これらの人々は、「道徳的な人格性」をそなえた人々と想定されている。道徳的な人格性をそなえているとみなされるためには、善を構想する能力、すなわち「合理的な人生計画によって」行為したいと欲求する能力と、正義感のための能力、すなわち「一定の正（正しさ）の原理に従って行為したいと」欲求する能力をそなえている必要がある。これらの人々は正義感をもち、しかも自己の利益（善）を追求し、合理的に判断を下す人々とみなされていることに注意しよう。「おのれの利害関心を促進しようと努めている合理的な人々」が決断するのである。

さらにこの正義感の持ち主である人々は、たんに自己の利益を追求するだけでなく、不正を犯すことを嫌う人々であることが想定されている。「不正に行為することはつねに罪責と恥辱の感情、すなわちわたしたちの統制的な道徳的情操の敗北が惹起する情動をうみだしやすい」とされており、こうした行動は防げると想定されているのである。

それではこれらの人々はどのような方法でこの選択をすることになるのだろうか。ある体制を選択する方法にはさまざまなものがある。倫理的な選択、政治的な選択、社会的な選択、経済的な選択などが考えられる。倫理的な選択では、それが善であるという理由から選択される。その場合には善とは何かが定義されている必要がある。政治的な選択では君主制や貴族制など、どのような統治者と統治体制が好ましいかによって選択される。社会的な選択では、体制の社会的な利点に基づいて、民主的な体制とか、貴族的な体制が選択される。経済的な選択では、自己の利益を最大にすることを目指して選択が下される。

ロールズの想定した人々は、善の原理でも、統治者の選択でも、特定の社会的な生活様式への好みでもなく、自己の利益を最大にするという合理的な理由から選択すると想定されている。これは「財」の経済的な選択なのである。ここで問われているのが、「権利、自由、機会、所得および富」などの「社会的な基本財」の分配であることに留意しておこう。これは「合理的な人間がほかに何を欲していようとも、必ず欲するだろうと想定されるもの」である。

　この経済的な選択にあたってロールズが依拠するのが、マキシミン原理である。マキシミンとは経済学の用語で、ミニマムを最大《マキシマム》にすることを意味する。ミニマムとは、選択した結果として生まれうる最悪の状態である。その最悪の状態が、他の選択と比較して、最も善いものになるようにするのである。「最悪の結果が、他の選択候補がもたらす最悪の結果よりも優れている」ものを選ぶのである。よく知られている囚人のジレンマも、このマキシミン規則の適用の一つの事例である。たがいにコミュニケーションできない囚人たちは、最悪の事態のうちで自分にもっとも好ましいものを選択するのである。

　ロールズのあげる例を少し修正して考えてみよう。籤《くじ》で勝てば特定の金額がもらえ、負けると特定の金額を失うとしよう。各人が六万円ずつ拠出して、原資が一八万円の籤に三人が参加する。第一の籤では、勝者は一二万円もらえるが、二番目の人は八万円しかもらえず、三番目の人は敗者としてさらに二万円を支払う必要があるとしよう。第二の籤では勝者は八万円しかもらえないが、二番目の人も六万円もらえるし、三番目の人も敗者にならず、四万円もらえるとしよう。

　この三人は、このどちらかの籤を選んで参加するとしよう。その場合にロールズは、自己の利益を最大にすることを目指す合理的な人物は、必ず第二の籤を選ぶと考える。最悪の場合でも、損失は二万円にとどまるからである。第一の籤の敗者は八万円の損失になることを考えると、第二の籤の最悪の結果は、相対的に最善である。

†原初的な状態と正義の状況

そしてこれらの人々がこうした原理のもとで選択を下すのだが、ロールズはこの選択が下される状態を原初的な状態として定めている。ロールズは原初的な状態を「当事者たちが道徳人格として対等な存在とみなされており、かつその帰結が気まぐれな偶発性や社会的勢力の相対的なバランスによって左右されることのない事態」と定義する。これは、当事者が道徳的な人格として、外的な要因によって、あるいは相互の結託によって左右されることがない孤立した状態で、みずからにとって最善のものを、合理的な判断によって選択することができる仮想的な状態なのである。

この状態をロールズは正義の状況と呼ぶ。原初的な状態はホッブズのような戦争状態ではなく、「人間の協働を可能に、かつ必要なものとする」状態である。この状態はヒュームの想定する市民社会に近いものと考えられている。社会のうちで人々は利害の一致と対立に直面する。利害が一致するのは、人々が孤独で暮らすよりも、社会的な協働によってよりよい暮らしが可能となるからである。対立が発生するのは、協働によって生まれた産物の分配に関して、意見が異なることがありうるからである。この対立が発生するために正義が必要とされるのである。

この状況は、客観的な状況と主観的な状況に分けて考えることができる。客観的な状況としては、「明確な限界を備えた地理上の領域に、多数の個人が時間と空間を共にして共存する」状況が想定されている。こうした個人は体力と知力でほぼ同等であり、圧倒的に仲間の他の人々を支配できる人は存在しないとみなされる。そのことは、どれほど優越している人でも、他者が共同で攻撃すれば、傷つけられることを意味する。また天然資源などは稀少であり、公正な分配が必要とされるのである。

主観的な状況としては、各人のニーズや利害関係はほぼ類似したものであり、これによって協働が可能となっている状況が想定されている。また各人の自己の利害関心は、他者から尊重されるべき権利があると考える。そして各人の知識は不十分であり、「理性使用の能力、記憶力、注意力はつねに制限されており、彼らの判断は不安や偏見、そして私事への執着によって歪められやすい」とされている。

†無知のヴェール

このような原初的な状態において、人々が前記の原理のもとで公正に選択することができるように、ロールズが採用したのが、無知のヴェールという装置である。この無知のヴェールとは、選択するにあたって当事者は目の前にヴェールが掛けられていて、ある事柄をあらかじめ知ることができないということである。しかしこの無知のヴェールには、知ることができないという消極的な側面と、それでも知っているという積極的な側面がある。

まず知ることができないというのは、来るべき社会において自分がどのような「社会的な地位、階級もしくは社会的な身分」を占めるようになるかを知ることはできないということである。特権的な富裕層の一人になるのか、極貧者になるのか、あらかじめ知ることができない。

第二に、生まれつきの才能や資産、運命、知力、体力などについても知ることができない。天才に生まれるのか、身体に障害のある者として生まれるのかを知ることができないのである。

第三に、自分の合理的な人生計画についても知ることができず、どのような生活を好むのか、悲観的な人間なのか、楽観的な人間なのかも知ることができない。

第四に、その社会に特有の状況を知ることができず、経済的な状況も、政治的な状況も知ることができない。その社会が文明化されたものか、どのような世代に属しているのか、第一世代なのか、社会が形成されてから長い年月がたった世代に生まれるのかを知ることができない。

これらの無知の条件の消極的な側面のもとでマキシミン原理を想定すると、来るべき社会でその人はもっとも不利な身分を占めるようになると想定せざるをえない。そのために選択可能な他の体制と比較すると、最悪な条件が相対的に好ましいものを選択せざるをえないである。

しかし社会の具体的なありかたについて無知であるとしても、選択を下すためには、一般的な原理や状況については「知っている」必要がある。これが無知のヴェールの積極的な側面である。第一に当事者は、自分も他のすべての参加者、前記の正義の状況のもとに置かれていることを知っているし、その状況がどのような意味をもつかも知っている。また来るべき社会の詳細は知らないが、人間社会全般についての知識があり、政治的な事柄や経済的な理論の原理を知っている。そしてこの選択に影響する「あらゆる一般的な事実も知っている」のである。こうした一般的な知識に基づいてロールズが提示する社会的な原理のうちから、自分にもっとも有利な原理を選択することが求められるのである。

†ロールズの原理

この選択肢としてロールズは五つほどの原理を提起する。第一がロールズの正義の二原理である。正義の二原理とは、最大限の平等な自由という原理と公正な機会均等の原理および格差原理である。

格差原理とは、公正な機会均等の原理が満たされた上で、社会のうちでもっとも不利な状態にある人物にとっても好ましい効果を発揮するときだけに格差が認められるというものである。

ロールズはこれを次のように言い換える。正義の原理の第一の原理は「各人は、平等な基本的自由の最も広範な全システムに対する対等な権利を保持すべきである。ただし最も広範な全システムといっても、すべての人の自由の同様な体系と両立可能なものでなければならない」というものである。第二の原理は「社会的・経済的不平等は、次の二条件を満たすように編成されなければならない。まず、そうした不平等が、正義に適った貯蓄原理と首尾一貫しつつ、最も不遇な人々の最大の便益に資するように、次に公正な機会均等の諸条件のもとで、全員に開かれている職務と地位に付帯する［不平等だけに限られるように］」である。

†ロールズの正義

　ロールズはこれと比較し、選択する原理として、ロールズの原理の格差原理の代わりに、最も不遇な人の利益を増大させるのではなく、増大する利益の平均が最大になることを求める平均効用原理を採用した混成的な原理、古典的な功利主義、全体の効用と平等な分配原理のバランスをとる直観的な原理、エゴイズムの原理などを提起する。もっとも、エゴイズムの原理は、選択肢としては有効ではないし、ロールズがあげていない原理も考えられる。たとえばロールズが功利主義を批判する目的であげているマルクスの「各人はその能力に応じて働き、必要に応じて受け取る」という原理も、その実現可能性は別として、選択肢に含められてもよいものだろう。

　いずれにしても、ロールズはこれらの原理から選択を迫られた人々は、マキシミン原理と無知のヴェールの想定のもとでは、ロールズの二原理を選択すると主張する。この長い手続きによって、正義とは何であるかが発見されるとロールズは考えるのである。それは「自由で平等な市民たちが世代を超えて協働する公正なシステムとしての社会」を実現する「公正としての正義」である。

　一九九三年の『政治的リベラリズム』では正義の原理の表現が修正されるが、基本的なスタンスは変わらない。アメリカ合衆国のアファーマティブ・アクション政策の根拠づけなどにもこの正義論が利用されるなど、現実の政治への影響も大きかった。しかし影響が大きいだけに、その問題点も指摘されるようになり、多くの論争を生むきっかけとなったのだった。

ノージック『アナーキー・国家・ユートピア』
――正義の国家は最小国家

†相互保護協会

　大学でロールズの同僚でもあったアメリカの政治哲学者ロバート・ノージック（Robert Nozick, 1938-2002）は、ロックの自然状態の理論から始めて、どのような国家がもっとも正義に適った国家であるかを検証しようとする。ロックは、自然状態においてすでに社会が成立しているが、市民たちは労働によって獲得した所有にたいする侵害から防衛するために国家を設立すると考える。しかしノージックはそのプロセスをもう少し遅らせて考えることで、最小国家だけが正当であることを示そうとするのである。

　所有への侵害から防衛したいのであれば、市民たちはすぐに社会契約を締結して国家を設立するのではなく、社会のうちで自衛団のような私的な団体を設立してもよいだろう。

友人たちで、たがいの所有を保護し、他者からの侵害を防衛するという約束のようなものを結ぶのだ。この私的な団体をノージックは「相互保護協会」と呼ぶ。

しかしこの協会には欠点がある。協会員からの要請があるのをつねに待機していなければならないし、協会員は侵害されたと称することで、いつでも他の協会員を招集することができるからだ。どんな小さな侵害でも許さず、つねに正義の回復を求める協会員がいると、協会員たちは些細なことで絶えず呼びだされ、ほんらいの仕事もろくにできないだろう。それに侵害が外部からではなく、協会員のあいだで発生した場合には、協会はどう行動するか、困ることになるだろう。

†超最小国家の誕生

とくに最後の問題は大きな困難を引き起こす。協会員のあいだの争いには干渉しないとていう政策を採用した協会は、不満を抱く協会員の脱落を招くようになるし、分裂の可能性も発生するので、多くの協会は問題解決のための手続きを採用するようになるだろう。そしてこうした問題解決のために雇われた専業者が登場するだろう。保護サービスを供給する複数の協会が登場して、市民はその価格に応じて協会を選ぶようになるかもしれない。やがてはこれらの機能は「同一の人または機関に収斂《しゅうれん》する強い傾向」が生まれるだろう。

それぞれの地域でこうした協会が誕生すると、やがては「一つの統一された連邦司法制度」が生まれることになるだろう。これが超最小国家である。この国家は、協会員が私的な正義を執行することを禁じ、緊急の自己防衛を除いて、「すべての実力行使を独占している」。保護と執行のサービスは、その対価を払った協会員だけに提供する。最小国家である夜警国家とは違って、この国家は財の再配分を行わない。司法機能だけを、しかも協会員だけに提供するのである。

†最小国家の誕生

しかしこの国家では、協会員の保護だけを目的とするために、この協会に参加しない人々はどうするかという問題が発生する。協会に不参加の人々は、協会に参加している人々との争いを自力で解決することは禁じられている。それはこの協会が独占的な防衛力をそなえているからだ。ノージックはその場合には、協会はこれらの人々のこうむる「差別的不利益を賠償することを、道徳上要請される」と考える。この賠償のために、協会員は資金を拠出することを求められる。これは再配分の機能であり、ここに最小国家が成立する。

このプロセスでは、国家の設立のための社会契約は存在しない。スミスの「見えざる手」のプロセスを通して道徳的に許容しうる方法によって、「誰の権利を侵すこともなく、また他のものの有しない特別な権利を何ら僣称することもなしに、事実上の独占が成立する」とノージックは指摘する。この国家だけが不正の是正という正義の執行を独占するのである。ノージックはこの最小国家だけが正当な国家だと主張する。「最小国家は、正当化しうる国家としてもっとも拡張的なものである。それよりも拡張的な国家は、それがどんなものであろうと、人々の権利を侵害する」というわけだ。

†ロールズ批判

ノージックはこの観点から、ロールズの正義論を批判する。この批判は格差原理、原初状態、原理のマクロの適用とミクロの適用の議論を軸とする。第一の格差原理についてノージックは、当事者がマキシミン原理で選択を下すならば、すべての人が個人としての自己の利益を重視するのだから、底辺に生きる個人の福祉が何よりも重視され、「さまざまな社会制度の評価という問題が、最も不幸な神経衰弱者の生活状態という論点に還元されてしまう」と指摘する。

また格差原理は、才能に恵まれた人のグループと恵まれない人のグループに「非対称」であるとノージックは指摘する。生活条件の悪い人々の福祉が重視されるために、才能に恵まれた人々の利益が軽視されるのであり、才能に恵まれた人々がその才能をさらに伸ばす仕組みにはなっていない。ロールズの格差原理が適用された不平等なシステムのもとでは、恵まれない人々は平等なシステムのもとでよりも大きな利益をえるのだから、「恵まれない者はそれに不満を言ってはならない」ということになる。しかし恵まれた者たちはどうして苦情を言ってはならないのかは、明確ではない。

また第二の原初状態については、ノージックはこの想定のもとではすべての決定は「結果状態原理」、すなわちその決定によって自分にどのような影響が発生するかという観点からしか考えることができないことを指摘する。そのためこの構成では「配分的な正義の概念として、権限の概念や歴史論的な概念を導くことが不可能になる」。そのために所有の獲得、移転、矯正などの問題について、歴史的に考察することも、各人の所有における権限という観点から考察することもできない。

ノージックは原初状態で選択する人々は、あたかも神から下された食べ物であるマナを配分するかのようだと皮肉る。配分の原資がどこから調達されたのか、それを配分する権限を所有する者は誰なのかがまったく問われていないのである。すべての財には所有者が存在するはずであり、これをすべて無視して選択が行われるかのようである。

第三に、ロールズはこの原理は社会のマクロな構造に適用されるものであり、ミクロな事例によってこれを反駁してはならないと主張するが、ノージックはこれに反論する。そして原理はつねに日常的なミクロの部分で妥当性を示すことができるべきだと指摘する。「言葉で表現された複雑な全体についての直観的な正義にのみ焦点をあてて議論を進めることには、特別な不都合がいくつかある」と考えるからである。

ノージックは恵まれない人々の立場を最良化するという格差原理の適用されるミクロな例として、「あなたは何年ものあいだずっと目が見えてきた、だから今、あなたの目の片方(または両方)は、他人に移植されるべきだ」という極端な例をあげている。格差原理からこのような結論がだされるとは思えないが、原理にミクロのテストが必要であるのはたしかだろう。

†最小国家の魅力

ノージックは国家は最小国家としての夜警国家であるべきであり、「国家は、市民に他者を扶助させることを目的として、また人々の活動を彼ら自身の幸福や保護のために禁止することを目的として、その強制装置を使用することはできない」と主張する。これはリバタリアニズムと呼ばれる立場であり、これによると国家のさまざまな活動は個人の自由を侵害するものとして禁じられることになる。これ以上のことを行おうとする国家は、最小国家を拡張した不正な国家なのである。

ノージックは、こうした拡張は人々にさまざまな新たな権利を認める形で行われると考える。たとえば個人の住宅の色を、その近くに住む住民が決める権利が認められたとするならば、国家はこの権利に基づいて、個人が自分の住宅の色を決めることを禁止するだろう。ノージックはこのような拡張的な権利の例として、次のようなさまざまなものをあげている。

特定のサービスを誰から購入するかを決める権利（職業の営業許可権）、どの国から商品を購入するかを決める権利（輸入制限権）、LSD、ヘロイン、煙草などを使うかどうかを決める権利（薬事権）、許される性生活の形態とありかたを決める権利（性的堕落権）、いつ誰と戦って殺すかを決める権利（徴兵権）、交換の際に許される価格の幅を決める権利（賃金・価格統制権）、雇用、販売、賃貸に際してどのような根拠が非合法であるかを決める権利（差別防止権）、訴訟システムへの運営への参加を強制する権利（召喚権）、もっとも恵まれない者たちに移植するために身体の器官を徴用する権利（肉体的平等権）などである。

これらの権利はわざと皮肉に描かれているが、現在の多くの国家で国の権限としてほとんど認められている権利であり、規定である。しかし個人の自由な決定を尊重するならば、

ＬＳＤを服用してもそれを犯罪とすることはできないはずだし、どのような性生活を送ろうと自由であろう。個人を殺戮の道具として徴兵するのは、個人の自由の否定であるし、価格制限なども、個人の自由を無視するものであろう。拡張国家における生活は、個人の自由がきわめて制限された生活にならざるをえないのである。

これにたいして最小国家は、個人の自由を最大限まで認めるユートピア的な国家である。この国家ではおそらく、公営の図書館も公共施設も公道も公衆衛生施設も許されないことになるだろう。市民の生活の享受は、これによって大きな制約をうけることになるだろう。しかし反対に、市民の生活への干渉は最小限になることだろう。

ノージックは「最小国家はわれわれを、侵すことのできない個人、他人が手段、道具、方便、資源として一定のやり方で使うことのできないものとして扱う。それはわれわれを、個人としての諸権利をもち、このことから生じる尊厳を伴う人格として扱う」国家であると語る。それはユートピア的な国家ではあるが、現代の国家にたいする重要なアンチテーゼとして役立つものであろう。

マイケル・ウォルツァー『正義の領分』
――財が異なると、正義も異なる

†正義の内実

　同じくアメリカの政治学者であるマイケル・ウォルツァー（Michael Walzer, 1935-）は、ロールズのように正義の原理を定義しようとはしない。ロールズが目指したのは、カントの定言命法のように、どのような正義の問いにも答えうる形式的な原理を探しだすことだった。これにたいしてウォルツァーが試みるのは、正義の内実について考えることである。それは「単一性を探求することは、配分的な正義の主要な問題を誤らせる」と考えるからだ。そして「正義は人間による一つの組み立てである。だから、それが一つの仕方でしか作られないというのは疑わしい。いずれにせよ、わたしは基準となっているこの哲学的な仮定を疑うことから始めることになろう」というのだ。

ウォルツァーは配分的な正義とは、「人々は（他の）人々に財を配分する」ことから始まると考える。すると問題なのは財とは何かということである。この財の多様性に基づいて、正義が問題になる領域も多元的なものとなるだろう。

†財の多元性

ウォルツァーは財の性格と多元性について、次の六点を指摘する。

第一に配分的な正義が問題とする財は社会的な財である。人々のあいだで考えられ、評価され、貴重なものとされる財の配分が問題になるのである。個人の嗜好は異なる。休暇を海で過ごしたいと思う人も、山で過ごしたいと思う人もいるだろう。その嗜好そのものは正義の対象とはならない。しかしその嗜好を実現するための休暇をとる権利は、社会的なものとして正義の対象となるだろう。

第二に、各人は具体的なアイデンティティをもっている人格として、すでにさまざまな財に関与している人間として、配分の正義にかかわる。「実際に人々は財の一つのセットの関係の中にすでに立っている」のであり、人間の誕生とともに始まっている個人史の関係の網目のなかでしか、正義を問うことはできない。これは後述のサンデルの「負荷なき自我」の批判にもつながる考え方であり、共同体主義とも呼ばれるコミュニタリアニズムに共通する重要なロールズ批判の論点である。

第三に、「道徳的、物質的世界をすべて包含できるような、単一のあるいは基本の財からなるセットというものはない」だろう。もちろん日々の生活の糧《かて》は絶対に必要なものであり、これを満たすことは正義が求めることである。しかし正義の考察においては、人々の生活の必要最低限は満たされているものとみなすべきである。問題なのは、人々の多様な要求をどのように満たしていくかということである。

第四に、正義が問題となるのは、財の意味が異なるからである。人々は、多様な生活条件のもとで、多様な価値観をもって生きている。一つの財にどのような意味が与えられるかで、適《かな》えられるべき正義も異なったものとなるだろう。仕事を第一と考える人が求める正義と、家庭を第一に考える人が求める正義は、異なったものとなるだろう。価値が多元的であるように、正義も多元的なものとなる。

第五に、この財の社会的な意味は、歴史的なものである。「だから正しい配分も不正な配分も、時代とともに変化する」。たとえばアテナイでは市民が籤《くじ》で公職についた。しかし現代の日本では、公務員になるためには資格が必要とされる。アテナイでは、どんな市民でも公職につけるのが正義であったが、現代の日本では適格性を証明された人が公職につくのが正義とされるだろう。

第六に、財が異なると、正義も異なる。学識があることは、市場では意味をもたない。学識がある人にも、ほとんどない人にも、市場は同じように開かれている。学識のある人に特権的な販売価格が認められるならば、それは不正義だろう。逆に学問の世界では、市場の原理は適用されない。博士号を売買されるようになったならば、それは不正義なのである。「それぞれの特定の社会にはそれぞれの社会的財とそれぞれの配分の領域があり、そのための複数の基準がある」。

ウォルツァーは、カースト制のインドの社会で、村の人々が穀物を持ち寄って、穏やかに争いもなくそれを分配した事例を紹介している。「村人たちの分け前は等しくなかった。かなりの程度において等しくなかった。この不平等は連綿とつづく他の不平等と結びついていた」。外部からみると、この分配は不正義にみえるだろう。しかし村人たちは全員が分配の結果に満足していたのである。この分配はその村の正義の原則にしたがって行われたからである。もしもカーストが不正義であることをインドの村の人々に納得させることができれば、この分配は不正なものとして、平等な分配が行われるようになるだろう。しかし人々がカーストが正義に適うと信じているのであれば、それを強制することは正義ではなく、専制になるだろう。

†複合的な平等

ウォルツァーは、この多元的な正義で必要とされるのは複合的な平等の理論であり、これは「二〇世紀の最も恐るべき経験」である全体主義の経験から生まれたものであると語っている。全体主義の社会は、「画一化、すなわち分離しているのが当然である社会的な財と生活の諸領域の体系的な同等化」を目指していたからである。これにたいして「複合的な平等は全体主義の対立物である。最大限の同等化に対立するものとしての最大限の分化」を目指しているのである。

この複合的な平等の理論は、現実の社会の平等は複合的な性格のものであることを認めた上で、「現実の配分の複合性を再形成し、それと共生する方法を示唆する」ものである。ウォルツァーは、「小さな不平等はたくさんあっても、転換過程を通して不平等が増殖していくことはない」社会、さまざまな財を貫くような不平等のない社会を目指している。このような社会は、パスカルが『パンセ』で描いた社会、「強いもの、美しいもの、賢いもの、敬虔なものは、それぞれ異なった領域を持ち、おのおの自分のところで君臨しているが、他のところには君臨していない」ような価値の多元的な社会である。

この社会では、専制的な支配は不可能となる。ウォルツァーが語るように、これは「一つの領分に立つ市民、あるいは一つの社会的な財にかかわっている市民は、他の領分に立ち、他の財にかかわることで、地位が低下することのない社会」である。ある市民は、政治的な職務という財では、特定の市民よりも地位が低いかもしれないが、それによって医療、教育、仕事の機会均等などで不利な扱いをうけることがなければ、その不平等は不正義ではないだろう。その市民は、自分の仕事、活動、技芸など、他の財の領域では、政治的な地位が高い市民を凌駕する機会が残されているからである。

†財の領域

それでは現代の社会では、どのような財の領域がたがいに独立して存在しているだろうか。これは明確に定義することはできず、経験的に選びだすしかないものである。ウォルツァーはこの書物では、「国家、社会、団体の成員資格」、「安全と福祉」、「貨幣と商品」、「公職」、「辛い仕事」、「自由時間」、「教育」、「親族関係と愛情」、「神の恵み」、「承認」、「政治権力」の一一の財をとりあげて考察している。日本という社会の枠組みで考えてみれば、「神の恵み」という魂の救済の財を除くと、かなり妥当であり、よく考えられた選択だと思える。

「辛い仕事」は財としては否定的なカテゴリーであるので、特例である。具体的には、ギリシアの奴隷のように、成人の男性が市民的な活動や政治に参加し、やりがいのある仕事に従事できるために必要な「負の仕事」を押しつけられる人々にたいする正義の問題が問われる。肉体労働を引き受ける移民、家庭労働を引き受ける女性などへの正義が問題となるのである。

どの章も、分配の正義の具体的な内容を考えるために役立つ考察が展開されており、ロールズのような正義の原理の考察とは別の意味で、有益なアプローチになっている。古代ローマにおいて、休暇（ヴァケーション）とは、ほんらい宗教的な祭りや公共的な競技のない「空っぽの日」（ディース・ウァカンテース）を意味していたという指摘など、歴史的な考察も含めることができることは、このアプローチの適切さを示すものである。

マイケル・サンデル『これからの「正義」の話をしよう』
——善は正義よりも優先される

†負荷なき自我の批判

リベラリストのロールズと、リバタリアニストのノージックに共通するのは、人間は自由な存在であり、「わたしの責任はわたしが引き受けたものだけにある」というカント的な考え方である。これは人間は「道徳的な行為者として自由で独立した自己であり、従前の道徳的束縛から解き放たれ、みずからの目的をみずから選ぶことができるという前提」に立つということである。

アメリカの政治哲学者のマイケル・サンデル（Michael J. Sandel, 1953-）が批判するのは、このような形で人間が自由であるということである。誰もが特定の社会の特定の家族のうちに、みずから選択することもできずに、投げ出されるようにして生まれてくる。誕生した瞬間から、さまざまな「負荷」を負って生まれてくるからだ。アメリカ合衆国に金のスプーンをくわえて生まれてくるか、あるいは最貧国の一つの極貧の家庭に生まれてくるかは、それぞれの人の運によるものではあるが、人生に巨大な違いを生むのは間違いない。こうした違いを無視して、人間には「従前の道徳的な束縛から」自由に選択できると主張しても、空しいことである。

サンデルはこのような自由の理念は、「自分の役割やアイデンティティ、つまり自分を世界のなかに位置づけ、それぞれの人となりを形づくっているものを考慮しない」ことになると指摘する。人間が特定の人格であるということは、「自らの家族、コミュニティ、国家、国民の成員として、自らの歴史の担い手として、過去の革命の子孫として、現在の共和国の市民として、自分自身を理解する」（『リベラリズムと正義の限界』）ことであり、「自分の役割やアイデンティティ」を理解することを前提とするからである。

カントやロールズのこうした自由な自我という考え方をサンデルは、「負荷なき自我」の概念と呼んで批判する。「自分自身をまったく負荷なき自我として構想することは、われわれが通常認めている、広範囲な道徳的で政治的な責務の意味を理解できなくなることである。その責務によってわれわれは、特定のコミュニティ、生活史、伝統における成員であることと結びついている」（同）からである。

†正義と善

サンデルはカントやロールズにおいてこの「負荷なき自我」の概念が採用されたのは、正義は善よりも優先されるという考え方と深く結びついていると指摘する。正義と善の関係は、アリストテレス以来、長い論争の対象となってきた。アリストテレスは、正義とは何かを考察する前に、「善き生き方」を考察する必要があると考えた。正義とは、その善き生き方にふさわしいありかたを示すものだった。この目的論的な概念では、善が正義よりも優先されることになる。

しかしカントの正義の概念では、道徳的な義務はいかなる善の概念にも左右されることはない。カントは人間が自由であるのは、道徳的な存在であるからだと考える。そして道徳的な存在であるということは、実践的な理性によって自らの行動原理を自由に定めるということである。正義が善よりも優先されるのである。ロールズもまた、「目的論の理論構造は根本的に見当違いである」と指摘する。

これにたいしてサンデルは、こうした自律的な自我の概念に、マッキンタイヤの「物語る存在」という概念を対比してみせる。物語を語るということは、「私はどの物語のなかに自分の役をみいだすことができるか」という問いに答えようとすることである。そして物語を語るということは、「自分の家族や、自分の都市や、自分の部族や、自分の国家の過去のさまざまな負債、正当な期待、責務をうけつぐ」ということである。「マッキンタイヤによる人格の物語的な考え方は、自由に選択できる負荷なき自己としての人格をみる主意主義的な考え方と好対照をなす」と、サンデルは指摘する。

†道徳的な責任の三つのカテゴリー

サンデルは、負荷なき自我の概念よりも、物語る存在という概念のほうが好ましいと考えるのである。その理由は、道徳的な責任には三つのカテゴリーがあるが、負荷なき自我の概念ではそのうちの一つのカテゴリーをまったく説明できないためである。道徳的な責任としてカントやロールズが認めるのは、理性的な存在として他者を尊重し、正義を遂行すべき普遍的で自然的な責任と（これは合意を必要としない）、他者と結んだ約束を守るべきであるという個別的で自発的な責任（これは合意を必要とする）の二つだけである。しかしサンデルは第三の責任が存在すると考える。それは個別的であるが、合意を必要としない連帯の責任である。

この連帯の責任の実例としてサンデルがあげるのは、母親の介護をするような家族、自分の住んでいた村を破壊する爆撃を拒んだレジスタンスのパイロット、エチオピアの難民キャンプのユダヤ人を救出したイスラエルなどである。「公的な謝罪と補償、歴史的不正にたいする共同責任、家族や同胞がたがいに負う特別な責任、兄弟や子としての忠誠、村やコミュニティにみられる連帯の要求は、われわれの道徳的、政治的体験によくみられる特色」であり、この第三の責任の存在は否定できないとサンデルは主張する。そしてカントやロールズの正義の理論は、こうした種類の正義を認めることができないのである。

†目的論

サンデルのこの議論は、ロールズの正義論の限界を示し、正義を善よりも優先することが間違っているのであり、善を正義よりも優先する必要があることを示すためのいわば消極的な議論である。サンデルはこのように消極的な議論だけでなく、アリストテレス的な目的論的な議論が正しいことをいくつかの実例で示している。

まずサンデルは、ロールズのようなリベラルな公共的理性が厳密にその限界を守った場合には、「政府が特定の善の構想を支持してはいけないだけでない。市民がみずからの道徳的、宗教的な信念を正義と権利をめぐる公共の論争に持ち込むのさえ、許されない。なぜなら、もし持ち込んでその主張が通れば、実質的に、特定の道徳的、宗教的教義に基づく法を同胞に押しつけることになるからだ」と指摘する。

この法の押しつけの問題が何よりも明らかになるのが、妊娠中絶をめぐる論争である。胎児がすでに人間であると考えるならば、妊娠中絶は殺人であり、禁じるべきだろう。胎児がまだ人間でないと考えるならば、中絶するかどうかは、母親の自由に任せるべきだろう。ここで道徳的で宗教的な問題が発生することは避けがたい。禁じるという決定も禁じないという決定も、道徳的・宗教的な教義に基づく法を、国民に強要することになる。

サンデルは、ロールズのようなリベラルな正義論は、価値観が多様化している現代社会において、大きな価値をもつことを認める。「現代の民主的社会に生きる人々は、道徳的・宗教的な問題について意見が一致しない。そのうえ、そうした不一致は合理的である」ことはたしかなのである。だから「公共的な理性が求める意味で中立」であることは、賢い選択なのかもしれない。

しかしサンデルは、こうした公共的な理性の求める中立が不可能な事例が存在し、しかも重要な意味をそなえているために、それを回避すべきではなく、積極的にとりくむ必要があると考える。「公正な社会は、ただ効用を最大化したり選択の自由を保証したりするだけでは達成できない。公正な社会を達成するためには、善き生活の意味をわれわれがともに考え、避けられない不一致をうけいれられる公共の文化を作りださねばならない」と考えるからである。

ハーバーマス『討議倫理』
――討議において正義と連帯が実現する

†ロールズの正義論の評価

アドルノとホルクハイマーから始まるフランクフルト学派の第二世代の哲学者であり、現代のドイツを代表する哲学者であるユルゲン・ハーバーマス（Jürgen Habermas, 1929-）は、ロールズの『正義論』を高く評価する。無知のヴェールのもとで選択する当事者は、道徳的な規範が定められた原初的な状態の「正義の状況」のもとで、自己の利益だけを考える合理的な主体として行動することで、「〈正義論〉をカントの道徳の理論の諸前提から初めて解放した」と考えるからである。

ロールズの正義論の構想のもとでは、当事者はみずからの利益を考察するだけでよいのであり、「義務から行為する必要などない」。このように正義の理論が道徳的な掟という枠組みが解放されたのは、ロールズの重要な貢献であるとハーバーマスは考える。

†三つの欠陥

しかしロールズの議論にはいくつかの大きな欠陥があり、それを補う必要があるとも考える。第一にロールズの理論構成では、選択する主体は孤立して、他者と相談することなく、決断することになっている。ゲーム理論の囚人のジレンマの問題が明らかにしているように、囚人たちは相談すれば、自分たちにとって最善の解決を手にすることができる。しかし相談することが禁じられているならば、マキシミン原理をとるしかないのである。ハーバーマスは、ロールズのモノローグ的なモデルでは、このような選択肢が禁じられているだけではなく、他者との対話のもとで生まれるはずの「自己の利害関心の損得勘定を越えた相互のいや増す道徳的な洞察の契機が欠けている」と考える。対話を禁じたことによって、主体が道徳的に目を開かれるきっかけが奪われているというのである。そもそも「契約主義的な社会概念、つまり計算づくで自分の利害に引き寄せただけの生活連関には、各人自身の内在的な道徳性などありはしない」のではないだろうか。

第二に、ロールズのモデルでは、選択する主体は善を目指し、不正をすると恥辱を感じる道徳的な主体とされていた。しかし選択する際には、自己の利益だけを考察するのである。正義をもたらすのは、原初的な状態において提示された正義の原理だけである。そこで疑問なのは、この合理的な主体が、正義の原理を選択せざるをえなくなるような「動機づけ」はどのようにして可能かということである。主体の「道徳的で実践的な認識は、ロールズには留保されたまま」なのである。

第三に、この選択によってロールズの正義の原理が選択されることになるとしたら、それは選択肢があまりに少なかったことによるのではないかという疑問が生まれる。「ある任意の正義の構想が普遍妥当性要求を掲げてもよいものかどうか」、複数性を特徴とする生活世界を過度に単純化しているのではないかという疑問が生まれるのである。ハーバーマスは「さまざまな正義の構想は、具体的な慣習や善き生という特定の理念からなっている複雑な全体からは切り離しえない」と考える。この社会契約の概念は、資本主義社会において「所有権をもつ個人主義の痕跡」を残しているのではないかと。

†討議的な倫理

この欠陥を補うためにハーバーマスは討議的な倫理の理論を提起する。「討議は、真剣に論争に参加するそれぞれが実際に試みなければならない理想的な役割の取得によって、道徳的観点を明らかにする手続きの役割をはたすことができる。実践的討議は、理解のためのプロセスである」からである。参加者が孤立して選択するのではなく、「自由かつ平等なすべての当事者は、共同的に真理の追求に参画する」べきであり、「当事者すべての同意をみいだすことのできる規範だけが、妥当性を請求することができる」と考えるのである。

この「理想的な役割の取得」というのは、社会学者のミード（George Herbert Mead, 1863-1931）の役割理論を取り入れたものであり、理念的に他者の立場に立つことである。ロールズの当事者は、カントの定言命法のように、各人が自己の利益を追求することで、他者も同じような選択をすることを期待するものだった。カントの定言命法はすべての個人に普遍的に妥当するからである。しかしハーバーマスは、複数性を原理とする社会においては、そのような普遍的な妥当性は主張できないと考える。この社会では「超越論的な先行了解などはもはや信用しない主体に遭遇する」のである。このとき人は定言命法に依拠するのではなく、「それぞれの関心にふさわしい間主観的な了解の必要性」に直面する。

ただしハーバーマスは、複数性の前提のもとでも、普遍的な原則が不可能だとは考えない。そうした普遍的な原則を提示し、それを立証する責任が発生するのである。だからこそ討議が必要とされるのであり、「自由で同権的なパートナーたちによる包括的かつ強制なき討議のパースペクティヴの前提のもとでは、普遍化原則は、関与者の各人が他のすべての関与者たちのパースペクティヴにわが身を置くことを要求する」ことになる。

†討議と正義

この討議的なパースペクティヴをハーバーマスは、コミュニケーション的な理性とも呼ぶが、この理論では「理想的な役割の取得」の概念が重要な意味をそなえている。討議において他者の立場に立つこと、それは他者の立場を尊重し、他者の自由を守るということだからだ。これが正義である。この正義は、他者を手段としてだけではなく、目的として扱えというカントの定言命法の帰結でもある。「これが理想的な役割の取得によって明らかにされた正義（公正さ）の意味」なのである。

ここにおいて討議的な理性は、正義を目指すものであると同時に、正義を実現するものとなる。討議とは、他者に正義をなすことでもある。ハーバーマスはこの討議において、正義だけではなく、連帯という概念も同時に実現されると考える。この討議において他者に正義をなすためには、「誰しもが仲間として共通の生活関連の尊重にたいして、同じ仕方で関心をもたざるをえないからだ。義務論的に捉えられた正義（公正さ）は、そのペアとして連帯を要求する」とハーバーマスは指摘する。

ケアの意味を含めた連帯は、討議において正義につきそうように登場する。この連帯という概念において、ハーバーマスの正義の理論は、ロールズのモノローグ的な主体を超えて、他者の正義を尊重する共同体的な広がりを獲得することになる。その意味ではハーバーマスの正義の理論は、ロールズを批判したコミュニタリアンたちに一歩近づくことになる。ハーバーマスが認めているように、「討議倫理は、自由、道徳、法といったカント的な伝統から出てくる義務論的な理解をリベラル派と分かちもち、さらに個体は社会化されたものであるというヘーゲル的な伝統から出てくる間主観的な理解をコミュニタリアンと分かちもつのであり、討議倫理はその両者の中間的な位置をとっている」とも言えるのである。

ホネット『正義の他者』
——不正から正義を考えよう

†不正からみる正義

ハーバーマスの次の第三世代のフランクフルト学派の哲学者として知られるアクセル・ホネット（Axel Honneth, 1949–）は、正義についてユニークなスタンスをとっている。ホネットはハーバーマス的な討議倫理の正義論を高く評価する。しかし、原理を重視するロールズを批判したウォルツァーと同じように、この方法では正義の内容について具体的に考察できないことを問題とするのである。そこでホネットが採用したのは、正義そのものではなく、不正から正義を考えるというものである。

日本の不正の概念には、「道に外れたこと」、すなわち非道という概念が含まれる。非道とは「ひどい」ということだ。人々がひどさを感じるときには、正義にたいする侵犯が起きていることが多い。このひどいという感情から正義について考えるのは適切な道だろう。

ホネットはまず不正を運命の悪さや強制された行為と区別する。歩いていて、空から石が落下してきて怪我をしたとしよう。それは運の悪さだろう。そこには正義はかかわらない。しかし工事現場において通行人にたいする配慮が行われていなかったために石が落下したのであれば、それは正義に反すると言えるだろう。

ホネットは「物理的な毀損は、被害者がその行為のうちにみずから安全という本質的な観点からみて自分を無視するような行為を読み取らざるをえない場合には、道徳的な不正とみなされる」のである。個人が個人として何らかの形で「承認」されないときに、不正が発生する。

†愛の圏域――個人としての承認

ホネットは正義の内容を考えるために、このような道徳的な不正が起こりうる三つの圏域を考察する。愛、法、連帯である。まず愛の圏域で問題となる不正は、「自己自身の身体の安全を享受しうるという確信を人格から奪うような道徳的な毀損」である。こうした行為によって破壊されるのは、自己への信頼であり、「他者に注視されているなかで自己自身が必要とするものとして享受する価値への信頼である」。典型的な事例は、身体の虐待、拷問、暴行であり、極端な事例は殺人である。このひどさは、身体と生存の安全が脅かされるひどさである。

この圏域では個人は「個体として承認される」。この承認は「性愛的な二者関係、友情、親子関係というモデルにしたがって、何人かの人格のあいだの強い感情的な結びつきからなりたっているかぎりでのあらゆる原初的な関係」(『承認をめぐる闘争』)のあいだで行われる。そのためこの承認は、「無条件の愛情」という性格をおびており、具体的にはケアや愛によって行われる。この承認は、「他者の幸福そのもののために、感情と結びついて」(『正義の他者』、以下同)行われるのである。ここでは「温かいケア」が不正を防ぐために必要な義務である。この圏域を考察するのはケア倫理学である。

†法の圏域——人格としての承認

第二の法の圏域で問題となる不正は、「人格の道徳的責任能力を無視するような道徳的な毀損」である。こうした行為によって破壊されるのは、自己尊敬である。人間が自己を尊敬できるのは、自分の判断形式を他者が承認する場合である。典型的な事例は、裏切り、詐欺などの個人的な問題から始まり、極端な場合にはユダヤ人差別のような「集団全体が法的に冷遇される」ことがある。このひどさは、平等な人間として認められないというひどさである。

この圏域では個人は「人格として承認される」。「法的な主体は、おなじ法律にしたがい、個体として自立していることで、道徳規範について理性的に決定することができる人格としてたがいに承認しあう」(『承認をめぐる闘争』)のである。この人格は、すべての人間と同じように責任能力をもつものとみなされる。「普遍的で平等な応対という性格を帯びたこうした承認形式」(『正義の他者』、以下同)は道徳的な尊重と呼ばれる。ここでは「普遍的で平等な取り扱い」が不正を防ぐために必要な義務である。この圏域を考察するのはカント的な道徳哲学である。

†連帯の圏域——共同体に参画する人格としての承認

第三の連帯の圏域で問題となるのは、個人の能力がまったく承認されないという侮辱や無礼な行為であり、「身近な共同体において自分が社会的な意義をもっているという感情」が傷つけられる場合である。これによって破壊されるのは自己評価である。これには無礼という悪意のないものから、汚名を着せるという極端な場合にいたる。このひどさは、社会的な名誉が傷つけられるというひどさである。

この圏域では個人は「身近な共同体にたいして建設的な価値のある能力をもった人格と

して承認される」。こうした社会的な価値評価は、歴史的に変動するものである。身分制的な要素が強い社会では、この価値評価は主として「名誉」や「信望」によって表現される。この身分は、その身分の「内部においては対称で、外部にたいしては非対称な関係」(『承認をめぐる闘争』)をもつものとなる。これにたいして価値が多様化する時代には、「人間の尊厳」(同)という概念が提起され、それに基づいて承認が行われる。この承認は具体的には連帯や誠実という概念によって表現される。ここでは不正を防ぐには、「連帯感をともなった参加への相互義務が重要である」(同)。この圏域を考察するのは、ロールズを批判したコミュニタリアニズム的なアプローチである。

†三つの圏域の正義の衝突

カントのように正義を形式的に表現したり、ハーバーマスのように討議の手続きとみなしたりする場合とは異なり、ホネットの場合には三つの領域においてそれぞれ正義が実現される必要があるために、正義の衝突が重要な問題となる。愛の正義と法の正義は衝突することが多いし、連帯の正義が法の正義と衝突することもあるだろう。そのときはどうなるだろうか。ホネットはそれをあらかじめ決定しておくことはできないと考える。どの圏域も同じように正義を求めるのであり、どれを優先するかは、「そのつど個人的な責任においてしか」（『正義の他者』、以下同）決定されえないのである。

ただしこれらの圏域のどれも「道徳的な毀損」という性格をおびているので、この問題の考察においては第二の法の圏域が中心的な位置を占めることになるだろう。カントの道徳哲学の伝統がいまだ強いのである。しかしホネットは、第一の愛の圏域におけるケアの倫理学も、第三の連帯の圏域におけるコミュニタリアニズム的なアプローチも、カントの道徳哲学と同じような「正当な位置づけを要求することができる」と考える。この三つの圏域における正義の概念を提起したことによって、ホネットはウォルツァーのように正義の内実をただ経験的に列挙するのではなく、原理的に考察する道を開いたと言えるだろう。

なおホネットは、後述のデリダの（というよりもむしろレヴィナスの）正義の理論において、「まったき他者への配慮」の概念が提起されたことは、第一の愛の圏域と第二の法の圏域の衝突を正面から考察したものとして高く評価する。デリダのこの正義の概念は、「完全に一方的で、非相互的ないつくしみという性格」をそなえているのであり、この心遣いは「正義の原則に、一方的で完全に利害から離れた援助の原理を補う」ものであるという。これは「平等な取り扱いの理念という、これまで近代にたいして決定的だった規範的地平を越えでる、小さいが重要な一歩を踏みだした」と考えるのである。

レヴィナス『全体性と無限』
——他者との語り合いが正義である

†イリヤ

エマニュエル・レヴィナス（Emmanuel Lévinas, 1906–1995）にとって正義とはあくまでも他者との関係である。レヴィナスはまず人間が「主体」になるというのはどのような意味をもつかを考察する。そのためにある種の思考実験を試みる。現象学的な方法で周囲の世界を完全に還元して消滅させてみよう。すると何が残るだろうか。

還元した意識だけは失われないが、存在はすべて消滅している。しかし無となるのではない。「非人称で無名の、しかも鎮めがたい存在の焼尽、無の奥底でざわめきたてる焼尽」（『実存から実存者へ』）がホワイト・ノイズのように残るのだ。それをレヴィナスは「イリヤ」と名づける。イリヤとは、「それがそこにもつ」という言い回しで、あるものの存在を示すフランス語特有の表現だ。

レヴィナスはこのイリヤという表現の無人称性に注目して、それをすべての存在が姿を消す夜のようなものとして考える。すべてのものは見えなくなるが、存在しなくなったのではない。存在が過剰なまでに感じられるのに、何も存在するものは見えないのである。それは「何もない虚無によって充満している」のである。その虚無に満ちた有は、「そこにじかに無媒介にある。語る言葉はない。わたしたちに答えるものは何もないが、この沈黙、この沈黙の声が聞こえる」としか言いようのないものである。

†存在の不快

「これはもはや世界ではない。自我と呼ばれるものそれ自体が、夜に沈み、夜によって浸食され、人称性を失い、窒息している」のである。そこであらわになるのは、存在するということの「不快」である。レヴィナスは「容赦なき、かつ出口なき存在という概念は、存在の本来的な不条理性を構成している。存在は不快である。それも有限であるからではなく、際限がないからだ。不安とは、ハイデガーによれば、無の経験ということである。しかし死を無と理解するならば、不安とは死ぬことが不可能であるという事実ではないだろうか」(『時間と他者』)と問い掛ける。

自己の存在から逃れることのできないこの状態において、主体は自己にしばりつけられている。これは完全な孤独の状態である。わたしに存在が与えられ、わたしはその存在に不快を感じている。しかしこれを捨てることができない。それが不安の原因だとレヴィナスは考える。この不安を解消することができるのは、ただ他者が到来することによって、他者と語ることによってだけである。「救済は、主体におけるいっさいがここにあるとき、他所《よそ》からやってくるほかないものなのだ」（『実存から実存者へ』）。

†他者と時間

それは主体に時間が訪れることによって可能となるとレヴィナスは語る。イリヤのうちの主体は時間をもつことができない。存在の過剰のうちで、イリヤに触れられているからである。時間の「他性がわたしに訪れるのはただ他人からだけである。社会性は、時間についてわたしたちのもつ表象の源である以上に、時間そのものなのではないだろうか」（同）。この時間とは他者との「対話」である。

レヴィナスが語りたいのは、人間は単独では時間をもてず、他者との対話のうちにしか、真の意味での「主体」であることができないということである。人間は存在の重さと不快のうちにつねにあえぎながら、他者との対話のうちにしか、自己の実存の重みから解放されることはない。「社会性」ということは、人間の実存の条件に含まれているのである。他者との対話のうちにしか、存在の重みとその不安から逃れることはできない。人間であるということは、つねに社会的な存在であるということである。

†責任

ということは、人間は他者によって、初めて主体となることができたのであり、イリヤの不安から解消されることができたのだということである。そして人間はそのことによって、他者に大きな負い目を負うことになる。レヴィナスは、人間には他者にたいする永久的な負債がかけられていると考える。そこから他者への責任が生まれる。

レヴィナスはこの責任が生まれた由来について、こう語っている。「他者に対する責任が、わたしの関与のうちで、わたしの決意のうちで始まったということもありえない。そうではなく、わたしの自由の手前から、起源を欠いたものから、存在することの手前ないし彼方から、わたしに課せられる果てしなき責任は到来する」(『存在するとは別の仕方で』)。

この責任は重いものである。それはわたしがイリヤから解放されるために他者に負った負債が重いからである。しかし同時にこれは、主体に同一性を与える重要な役割もはたすとレヴィナスは考える。「主体を自同的なものとしているのは、責任を回避することの不可能性にほかならない。他人という重荷を担うことが自我の自同性の源泉なのである」（同）。他者に向き合い、他者に責任を負うことで、主体は初めて自己をみいだすのである。

†正義

この責任はまず何よりも、他者に向き合って言葉を発するという営みとして遂行される。それが正義である。「他者を〈存在させる〉ためには、語りあう関係が必要である。純然たる開示においては、他者は主題としてみずからを差しだす。それゆえたんなる開示は他者を十分に尊重することにならない。これにたいして語りあう関係を通じて正面から接すること、われわれはこれを正義と呼ぶ」（『全体性と無限』）。

この語りあいは、〈わたし〉と〈あなた〉の二人の閉じた関係における語りではない。この対話は、他者の根源的な責任によって、わたしに命じられたものなのである。その責任の重さが、わたしに発語を命じる。〈あなた〉にたいする語りかけは、そのどこから到来したのかもわからない命令に答えることである。「他者の目をとおして第三者がわたしをみつめている。だからこそ語り合いは正義なのだ」（同）。

このように正義は、わたしとあなたの背後にある第三者との関係において生まれるものである。この関係は、他者への愛に裏打ちされながらも、他者とのあいだで客観的な関係を構築することを求める。わたしがある人と向き合い、語りあい、責任を負うとき、わたしはそれ以外の他者を差別していることになる。これをレヴィナスは「最初の暴力」(『貨幣の哲学』、以下同)と語る。これを突き詰めると、「わたしが存在するというたんなる事実ですら、他者を殺している」ということになる。

この暴力を行使した他者を気遣うために貨幣が必要となる。アリストテレスが指摘し、ニーチェが語っていたように、貨幣は計算を可能にするものであり、均質化するものである。その意味では他者へのさらなる暴力であるという側面をもつが、すべての他者を正当に扱い、配慮するという側面ももつ。その他者への配慮によって、貨幣は正義になる。「貨幣とは正義のひとつの要素なのです。正義とは、すべてを計算しなければならないということです」。

レヴィナスは「まさにこうしてわれわれは、正義の名において、ふたたび貨幣へと、運用される貨幣へと、他者のために運用されるべき貨幣へと、価値を有するもの一切の同質性と、かくして正しい計算でありつづける正義の可能性へと導かれた」と語る。「顔」を重視するレヴィナスの哲学は同時に、計算すること、同質なものとみなすことを必要とする。それは他者を否定することではなく、他者を気遣うことであり、正義が実現されることなのである。

デリダ『法の力』
——正義とはアポリアである

†法と脱構築

ジャック・デリダ（Jacques Derrida, 1930–2004）は正義の概念を考察するために、まず法と正義の違いを考える。デリダはレヴィナスが正義とは「まっすぐに顔を迎え入れること」と定義していたことを指摘しながら、正義は「他なる人の顔との関係」であると考える。法は一般的な規定であり、特定の個人を対象とするものではない。ローマでは、個人を対象とする法を明示的に禁じていたのである。

正義はそのようなものとして、「無限であり、計算不可能であり、規則に反抗し、対称性とは無縁であり、不均質であり、異なる方向性をもったもの」である。これにたいして法は一般的なものであり、「正統性や合法性としてなされる正義の行使」である。これは

「安定させておくことができ、規約に適った、計算可能な装置として、規則正しく整えられてコード化されたもろもろの私事の体系としてなされる正義の行使」なのである。

†法の脱構築

このように正義と法には対照的な性格がある。法は脱構築できるが、正義は脱構築できないのである。ある概念を脱構築するということは、その概念を自己矛盾するような極限まで追い詰めてみて、その概念の限界を提示することである。法は正義を作りだすというが、法はそもそも作成されるものである。たとえば賭博を禁止する法律があるとしよう。その法律が定められるまでは、賭博は合法的である。しかし法律が定められ、施行された後は、賭博は非合法となる。

しかしこの法律は国家権力が定めたものである。国家権力はこの法律を定めることで、賭博をする人々にたいして、ある暴力を行使する。賭博を非合法な行為、処罰に値する行為としてしまうからである。法はみずから正義であると主張する。しかしベンヤミンがすでに明快に指摘したように、法はその背後に暴力を隠しているのである。それは正義としての法の自己矛盾である。デリダはアメリカ合衆国の憲法の制定の際に、すでに自己矛盾が存在していることを示して、実際に法律の脱構築を行ってみせている。憲法にいたるまで、あらゆる法律は脱構築することができる。

†正義と脱構築

しかし他者の顔に向き合うことを求める正義というものは、脱構築することができない。「正義それ自体はというと、もしそのようなものが現実に存在するならば、法の外または法の彼方にあり、そのために脱構築できない」のである。法はその根源に暴力を隠しもっているが、正義はそのような暴力を否定するものであり、「不可能なものの経験」であるからである。

法は施行する際に、ある種の計算を遂行する。有罪とされた者にたいする処罰の計算、あるいは罰することの利益と罰しないことの利益の計算が行われるからだ。しかし正義においてはこのような計算は不可能である。「正義とは、それを計算することが不可能なものである。正義は、計算不可能なものについて計算するように要求する」。これは不可能なこと、アポリア的なものなのだ。

†第一のアポリア――規則の適用

正義が不可能であり、アポリア的なものである理由は三つある。第一にそれは規則を要求し、しかも規則の適用を否定するからである。正義を行使する人は、自由でなければならない。この人が自由に決断するのでなければ、それは正義とは言えないだろう。しかしそれが決断として認められるためには、「何らかの掟または指示、つまり規則にしたがわねばならない」。

いかなる規則にもしたがわない決断は、恣意的な決断であり、正義ではないだろう。しかしこの決断がある規則にしたがって、あるプログラムを現実の事例に適用するものだとしたら、はたしてそれは決断と言えるだろうか。この行為は、法律に従うという意味で、合法的な行為ではあるだろうが、真の意味での決断ではないだろう。だからそれは正義の行為ではないとデリダは指摘する。

裁判官の判決が正義であるためには、裁判官は自由な決断を下す必要があり、しかも規則に従う必要がある。しかしコンピュータの決断のように、ひとつのプログラムに機械的にしたがった行為であってはならない。だからその決断は、「あたかも裁判官がみずからそれぞれのケースにおいて掟を発明するかのように」下すものでなければならないだろう。裁判官が「計算する機械」ではなく、正義の裁きを行うためには、「規制されながらも同時に規則なしにあるのでなければならない」ことになる。これは不可能なのである。

†第二のアポリア――決断不可能性

正義が規則のもとで遂行されるためには、裁判官が「決断」を下す必要がある。彼は自由な人間として決断する必要があるのだ。しかし裁判官が下した決断が真の意味で決断であるかどうかは、誰にとっても自明なものではない。「決断そのものが起こったのだと請け合うことが、はたして誰にできるだろうか。決断は、ある回り道を経たために、一つの原因や計算や規則に先導されてなされたのではないと請け合うことが、はたして誰にできるだろうか」。

その裁判官の「決断」が、たとえば相手が外国人であるためという理由や、寝覚めが悪かったという理由や、先例によるとこうであるという判断や、こう判決しなければ世論に非難されるだろうという計算などによって下されたものであるならば、それは正義が遂行されたものとは言えないだろう。決断するという行為には、真の意味での決断は不可能であるという意識が伴っているべきだとデリダは考える。「あらゆる決断という出来事は、みずからのうちに、決断不可能なものを少なくとも幽霊として、しかもみずからの本質をなす幽霊として受け入れ、住まわせつづける」ものなのである。

†第三のアポリア――切迫性

正義が遂行されるためには、決断を下す必要がある。しかもその決断は切迫したものである。今、この瞬間に決断を下すことが求められるのだ。「正義に適う決断は、即座に、その場で、できるだけすばやくなすことをつねに要求される」。すべての決断を即座に下すことが求められるのではなく、決断を下すことが求められた瞬間には、もはや先延ばしすることは許されないということだ。

しかしそれが正義の決断であるためには、もっと時間と調査が必要であるだろう。その事件について、さらに完全な情報が必要であろう。規則についてもっと詳しい知識を獲得しなければならないかもしれない。不十分な情報や知識で下す決断は正義の決断ではないだろう。さらに決断の帰結について、完全な考察をせずに決断したならば、それは正義の決断ではないだろう。

それでも裁判官は、決断の場で、さまざまな情報や知識の欠如を意識しながら、決断しなければならない。決断は切迫したものなのである。そのような決断が、ほんとうの正義の決断であると考えることはできないだろう。あらゆる決断は、正義をもたらすものではないのである。しかし正義がもたらされるためには、決断が今、下される必要があるのである。

†贈与のアポリア

デリダは正義の遂行には、つねにこのような三重のアポリアが存在していると考える。そうであれば、真の意味での正義は行われないことになる。正義は理念にすぎないのだろうか。カントが語った理念、虚焦点のように、絶対に到達することができないが、永遠に近づいてゆく努力をすべき理念のようなものなのだろうか。

デリダはそれでも正義は現実のうちにかいまみることができるもの、そして「未来において、法や政治を変革したり改造したり基礎づけ直したりするための道を拓く」ものと考える。たんなる理念ではなく、そこに他者が登場するための場を拓くものなのである。「他者、これからやってくるものが到来するのであり、他者がやってくることなしには正義はない」のである。

デリダはこの正義の不可能性を、純粋な贈与に不可能性と同じ性格のものだと考える。正義の理念は、「交換することなしに贈与せよと要求する」ことなのである。贈与が真の意味で贈与であるためには、それは等価交換であってはならない。いかなる返礼も期待することなく、「循環を発生させることなく、承認を伴わない贈与、経済的な円環を構成することのない贈与、計算によるものでも規則によるものでもない贈与、理性を欠いた贈与、すなわち理論的な合理性（統制をとろうと制御することの意味で）を欠いた贈与」でなければならない。

このような純粋な贈与は、返礼による循環を作りださず、相手からの承認を求めず、経済的な恩恵を伴わず、規則にしたがって行われるものでもなく、その効果について計算するものでもない。しかしこのような贈与が行われるのは不可能である。そして正義も同じように不可能なものなのだ。正義の理念は、「計算不可能な贈与的な」理念なのである。

ちくま新書
907

正義《せいぎ》論《ろん》の名著《めいちょ》

二〇一一年六月一〇日　第一刷発行
二〇一九年一〇月一〇日　第三刷発行

著　者　中山元（なかやま・げん）
発行者　喜入冬子
発行所　株式会社筑摩書房
東京都台東区蔵前二-五-三　郵便番号一一一-八七五五
電話番号〇三-五六八七-二六〇一（代表）
装幀者　間村俊一
印刷・製本　株式会社精興社

ISBN978-4-480-06612-1 C0210

ちくま新書

655 政治学の名著30 佐々木毅
古代から現代まで、著者がその政治観を形成する上でたえず傍らにあった名著の数々。選ばれた30冊は混迷を深める時代にこそますます重みを持ち、輝きを放つ。

785 経済学の名著30 松原隆一郎
スミス、マルクスから、ケインズ、ハイエクを経てセンまで。各時代の危機に対峙することで生まれた古典には混沌とする経済の今を捉えるためのヒントが満ちている！

029 カント入門 石川文康
哲学史上不朽の遺産『純粋理性批判』を中心に、その哲学の核心を平明に読み解くとともに、哲学者の内面のドラマに迫り、現代に甦る生き生きとしたカント像を描く。

008 ニーチェ入門 竹田青嗣
新たな価値をつかみなおすために、今こそ読まれるべき思想家ニーチェ。現代の我々をも震撼させる哲人の核心に大胆果敢に迫り、明快に説く刺激的な入門書。

071 フーコー入門 中山元
絶対的な〈真理〉という〈権力〉の鎖を解きはなち、〈別の仕方〉で考えることの可能性を提起した哲学者、フーコー。一貫した思考の歩みを明快に描きだす新鮮な入門書。

542 高校生のための評論文キーワード100 中山元
言説とは？　イデオロギーとは？　テクストとは？　辞書を引いてもわからない語を、思想的背景や頻出する文脈から解説。評論文を読む〈視点〉が養えるキーワード集。

509 「おろかもの」の正義論 小林和之
凡愚たる私たちが、価値観の対立する他者との間に築きあげるべき「約束事としての正義」とは？　現代が突きつける倫理問題を自ら考え抜く力を養うための必読書！